교과서 필수 어휘로 초등 맞춤법 완성하기!

어린이 글
2만 건
분석 추출

바쁜 빠른

초등학생을 위한

맞춤법 ②

2~4학년 국어 교과서 연계

속담, 수수께끼,
생활 글로
재미있게
배워요!

이지스에듀

지은이 **분당 영재사랑 교육연구소, 호사라**

영재사랑 교육연구소(www.영재사랑.kr)는 분당 지역에서 유년기(6~13세) 어린이들의 잠재력 성장을 돕기 위해 지능 및 창의성 검사를 통한 학부모 상담과 논술, 수학, 과학실험, 탐구 수업 등을 진행해 왔습니다. 서울대 출신 교육학 박사들의 독창적인 프로그램과 학생에 맞는 개별 맞춤식 지도로 15년 동안 꾸준한 사랑을 받고 있습니다.

호사라 선생님은 서울대학교 교육학과에서 학사와 석사 학위를, 버지니아 대학교(University of Virginia)에서 영재 교육학 박사 학위를 취득하고 분당에서 영재사랑 교육연구소를 설립하여 제자들을 양성하고 있습니다. 어린 학생들의 영재성을 키워 주는 다양한 프로그램 개발과 수업을 통해 제자들의 사고력, 표현력 그리고 바른 학습 태도를 길러 주고자 노력하고 있습니다.
저서로는 《7살 첫 국어 1. 받침 없는 교과서 낱말》과 《7살 첫 국어 2. 받침 있는 교과서 낱말》, 《바쁜 초등학생을 위한 빠른 맞춤법》 시리즈가 있습니다.

바쁜 초등학생을 위한 빠른 맞춤법 ②

초판 1쇄 발행 2021년 4월 10일
초판 7쇄 발행 2024년 8월 21일
지은이 분당 영재사랑 교육연구소, 호사라
발행인 이지연
펴낸곳 이지스퍼블리싱(주)
출판사 등록번호 제313-2010-123호
주소 서울시 마포구 잔다리로 109 이지스 빌딩 5층(우편번호 04003)
대표전화 02-325-1722   팩스 02-326-1723
이지스퍼블리싱 홈페이지 www.easyspub.com   이지스에듀 카페 www.easyspub.co.kr
바빠 아지트 블로그 blog.naver.com/easyspub   인스타그램 @easys_edu
페이스북 www.facebook.com/easyspub2014   이메일 service@easyspub.co.kr

본부장 조은미 책임 편집 정지연, 박지연, 김현주, 이지혜 교정·교열 박명희, 김아롬 문제 검수 전수민
삽화 김학수, 이민영 표지 및 내지 디자인 정우영, 손한나 조판 책돼지 인쇄 보광문화사
영업 및 문의 이주동, 김요한(support@easyspub.co.kr) 마케팅 라혜주 독자 지원 오경신, 박애림

ISBN 979-11-6303-236-6 64710
ISBN 979-11-6303-233-5(세트)
가격 10,000원

• **이지스에듀**는 이지스퍼블리싱(주)의 교육 브랜드입니다.
 (이지스에듀는 학생들을 탈락시키지 않고 모두 목적지까지 데려가는 책을 만듭니다!)

호 박사

안녕하세요! 호 박사예요.

우리 1권에서 이미 만났죠?

'호박을 사라!'는 뜻이 아니라는 말 기억할 거라 믿어요.

저는 여러분이 맞춤법 박사가 되어 간다는 소문을 들었어요. 그 소문이 맞는지 문제를 내 볼게요. 제가 외국인 친구에게 받은 편지 내용 중에 어디가 이상한지 알아맞혀 보세요.

나열씨미 한글 공부했다. 실력 마니 늘었지?

맞춤법 실수를 모두 찾았나요? 정말 소문대로 여러분은 점점 맞춤법 박사가 되어 가고 있군요.

그래서 이번에는 더 열심히 '바빠 맞춤법 2권'을 썼어요. 아이고! 그동안 흰 머리가 천 개는 더 난 것 같네요.

그렇지만 여러분이 '맞춤법 천재'가 된다면 흰 머리쯤이야 천 개가 나도 좋을 것 같아요.

자신감을 갖고 '맞춤법 천재'에 도전해 보세요!

외국인 친구의 편지 실수 1 나열씨미 → 나 열심히 실수 2 마니 → 많이

교과서 필수 어휘로 초등 맞춤법 완성하기!
속담, 수수께끼, 생활 글로 재미있게 배워요!

**아이들의
맞춤법 실력에
비상이…**

학년이 올라가도 받침이나 모음에 실수가 있고, 띄어쓰기가 안 된다며 걱정하시는 학부모님들이 늘었습니다. 저학년 국어 공부의 상징이었던 받아쓰기와 일기 쓰기가 많은 교실에서 사라졌고 아이들의 영상 시청 시간과 영어 학습 시간은 늘어났기 때문입니다.

그러나 맞춤법을 잘 알아야 국어도 잘합니다. '국어 실력'은 결국 '뜻을 제대로 이해하고 전달하는 실력'인데, '갔다'와 '같다'를 구별하지 못한다면, 또 '아버지가 방에'와 '아버지 가방에'를 구별하지 못한다면 뜻을 잘못 파악하게 되고, 쓸 때는 뜻을 잘못 전달하게 되니까요.

**가장 자연스러운
맞춤법 공부는
'읽기'**

맞춤법 실수가 적은 아이들은 공통적으로 읽기 경험이 풍부합니다. 글을 읽으며 알맞게 표기된 글자를 반복적으로 눈에 익히는 게 가장 자연스러운 맞춤법 공부라는 의미이지요.

그래서 이 책은 아이들이 속담, 수수께끼, 일기, 편지, 동시, 이야기, 독서 감상문, 설명문 등 다양한 분야의 글을 읽으며 맞춤법 공부를 하도록 설계했습니다. 또한 각 글은 지난 15년 동안 발행된 2~4학년 교과서에서 추려 낸 필수 낱말을 사용해 국어 공부에도 바로 도움이 되도록 했습니다.

재미난 글을
읽으며
맞춤법을 배워요.

**어린이 글
2만 건 분석!
자주 틀리는
내용 총정리!**

아이들은 비슷한 것끼리 함께 배울 때 더 오래 기억합니다. 그래서 이 책은 분당 영재사랑 교육연구소에서 지도한 초등학생이 쓴 글 2만여 건을 분석한 뒤, 자주 틀리는 것을 세 영역으로 분류하여 비슷한 것끼리 모아서 배우도록 구성했습니다.

먼저 소리와 쓰기가 달라서 틀리는 낱말입니다. 첫째, 둘째, 셋째 마당에서 집중해서 다룹니다. 다음으로 받침의 소리는 같은데 종류가 달라 틀리는 낱말입니다. 넷째 마당에서 집중해서 배웁니다.

초등 필수 어휘로
한 번에 해결!

맞춤법   띄어쓰기

받아쓰기

마지막으로 소리가 비슷해서 구별하기 쉽지 않은 낱말은 다섯째 마당에서 집중해서 배웁니다.

띄어쓰기 역시 마찬가지입니다. 첫째 마당에서는 조사를 앞말에 붙여 써야 한다는 점을, 둘째 마당에서는 각각의 뜻이 있으면 띄어 써야 한다는 점을, 셋째 마당에서는 꾸며 주는 낱말과 꾸밈을 받는 낱말은 띄어 써야 한다는 점을 배웁니다.

넷째 마당과 다섯째 마당에는 1권의 내용에 몇 가지를 추가하여 배웁니다. 먼저 의존 명사는 앞말과 띄어 써야 한다는 점과 함께 단위를 나타내는 말은 앞말과 띄어 써야 한다는 점을 새롭게 배웁니다. 다섯째 마당에서는 1권과 마찬가지로 하나의 낱말처럼 오해할 수 있는 것과 반대로 두 개의 낱말처럼 오해할 수 있는 것을 배우고, 쉼표(,)도 한 칸을 차지한다는 점을 새롭게 배웁니다.

아이들의 문법 습득 과정을 반영한 과학적 설계!

초등 맞춤법 책은 대부분 영어 문법을 가르치듯, 원리를 먼저 설명해 주고 적용해 보도록 구성되어 있습니다. 그러나 제가 현장에서 15년 동안 지도한 제자들의 문법 습득 과정을 보면 아이들은 절대 문법을 적용하는 방식으로 맞춤법을 배우지 않습니다. 초등학생은 '바르게 쓴 것'과 '틀리게 쓴 것'을 눈으로 보고 비교하며 직관적으로 익힐 때 훨씬 더 빨리 배웁니다. 그래서 이 책은 문법 해설은 최대한 줄이고 아이들이 직관적으로 배울 수 있게 문항을 구성했습니다.

실수는 배움의 통로!

아이들은 수만 번 실수하면서 바른 표기법을 깨달아 갑니다. 이 책을 공부할 때 아이들이 실수하더라도 긍정적인 추임새를 넣어 주시길 부탁드립니다.
"실수도 좋은 공부야. 어떻게 하면 안 되는지를 배운 거잖아."
아이들의 맞춤법 공부가 꿀맛 공부가 될 수 있도록 이끌어 주세요!

영재사랑 교육연구소, 호사라

이 책을 효과적으로 공부하는 방법

🗣 모든 문항을 소리 내서 읽으며(낭독하며) 진행하세요.
'눈, 손, 귀'로 함께 하는 공부가 되어 학습 효과가 더욱 커집니다.

같이
따라 해 볼까?

04 다람쥐의 초대장

🔊 다음 글을 큰 소리로 두 번씩 읽어 보세요.

읽기 | 한 번 | 두 번

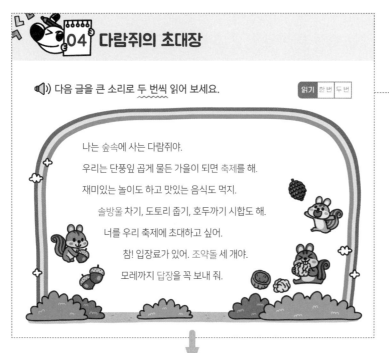

나는 숲속에 사는 다람쥐야.
우리는 단풍잎 곱게 물든 가을이 되면 축제를 해.
재미있는 놀이도 하고 맛있는 음식도 먹지.
솔방울 차기, 도토리 줍기, 호두까기 시합도 해.
너를 우리 축제에 초대하고 싶어.
참! 입장료가 있어. 조약돌 세 개야.
모레까지 답장을 꼭 보내 줘.

준비 단계

글감 큰 소리로 두 번씩 읽기

제시한 글을 손가락으로 짚으며 또박
또박 읽어 보세요.
여기에서 문제가 나오니 집중해서 읽
어 보세요!

✏ 소리 나는 대로 쓰지 않는 말 읽고 쓰기

낱말	① 읽기	② 회색 글자만 쓰기	③ 한 번 더 쓰기
숲속	[숩쏙]	숲속	
축제	[축쩨]	축제	
솔방울	[솔빵울]	솔방울	
조약돌	[조약똘]	조약돌	
답장	[답짱]	답장	

1단계

받아쓰기 집중 연습(총 190개)

① 낱말을 소리 나는 대로 읽어 보세요.
② 회색 글자를 따라 쓰며 소리와 쓰
기의 차이점을 알아보세요.
③ 바르게 한 번 더 쓰세요.

호 박사

잘 읽는 아이들이 잘 씁니다.
이 책은 읽으면서 진행해야 합니다. 꼭 기억해 주세요.

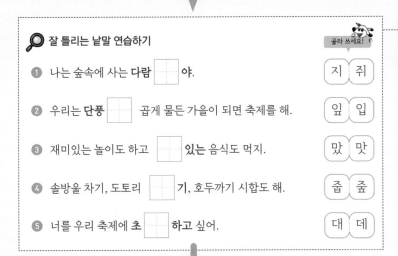

🔍 잘 틀리는 낱말 연습하기

골라 쓰세요!

① 나는 숲속에 사는 **다람**☐☐ **야**.

지 쥐

② 우리는 **단풍**☐☐ 곱게 물든 가을이 되면 축제를 해.

잎 입

③ 재미있는 놀이도 하고 ☐**있는** 음식도 먹지.

맜 맛

④ 솔방울 차기, 도토리 ☐**기**, 호두까기 시합도 해.

줍 줂

⑤ 너를 우리 축제에 **초**☐**하고 싶어**.

대 데

2단계

잘 틀리는 낱말 연습하기
(총 228개)

잘 틀리는 받침과 모음을 연습합니다. 왼쪽에 제시된 글을 덮고 푼 다음, 틀린 것은 글에서 스스로 찾아 고쳐 보세요. 이렇게 하면 맞춤법 연습과 읽기를 두 번 반복하는 효과가 있습니다.

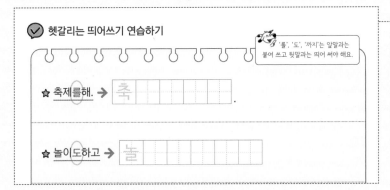

✅ 헷갈리는 띄어쓰기 연습하기

'를', '도', '까지'는 앞말과는 붙여 쓰고 뒷말과는 띄어 써야 해요.

☆ 축제를해. → 축 ☐☐☐☐☐ .

☆ 놀이도하고 → 놀 ☐☐☐☐☐☐

3단계

헷갈리는 띄어쓰기 연습하기
(총 114개)

제대로 풀면 주어진 칸의 시작과 끝에 모두 글자가 들어갑니다.
틀린 것은 글에서 스스로 찾아 고쳐 쓰세요.

마무리 단계

각 마당 복습과 받아쓰기 연습

많이 틀리는 부분을 모아 복습한 다음 '받아쓰기'로 각 마당을 마무리합니다.

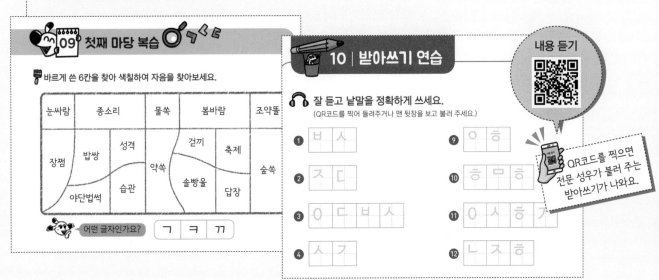

09 첫째 마당 복습

🖌 바르게 쓴 6칸을 찾아 색칠하여 자음을 찾아보세요.

눈싸람	종소리		물쑥	봄바람	조약돌
장쩜	밥쌍	성격	걷끼	축제	숲쑥
			약쏙	솔방울	
	야단법썩	습관		답장	

어떤 글자인가요? ☐ ㄱ ㅋ ㄲ

10 | 받아쓰기 연습

🎧 잘 듣고 낱말을 정확하게 쓰세요.
(QR코드를 찍어 들려주거나 맨 뒷장을 보고 불러 주세요.)

① ㅂ ㅅ
② ㅈ ㄷ
③ ㅇ ㄷ ㅂ ㅅ
④ ㅅ ㄱ
⑨ ㅇ ㅎ
⑩ ㅎ ㅁ ㅎ
⑪ ㅇ ㅅ ㅎ ㄱ
⑫ ㄴ ㅈ ㅎ

내용 듣기

QR코드를 찍으면 전문 성우가 불러 주는 받아쓰기가 나와요.

바쁜 초등학생을 위한 빠른 맞춤법 ❷

 가볍게 공부할 때는 하루에 1과씩, 맞춤법을 집중 연습할 때는 하루에 2과씩 공부하세요!

공부한 날

첫째 마당

수수께끼와 생활문으로
배우는 맞춤법

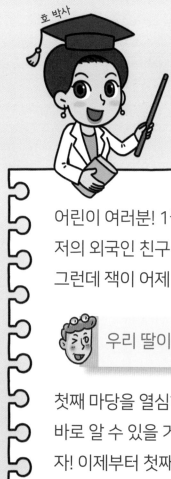

호 박사

어린이 여러분! 1권에서 많이 배웠나요?

저의 외국인 친구 잭의 맞춤법 실력도 나날이 늘고 있어요.

그런데 잭이 어제 보낸 문자 메시지의 밑줄 친 부분이 좀 이상해요.

 우리 딸이 곧 <u>학교 에 이팍</u>해.

첫째 마당을 열심히 공부하면, 여러분은 잭의 실수 두 가지를

바로 알 수 있을 거예요.

자! 이제부터 첫째 마당 공부를 시작해 볼까요?

첫째 마당에서 집중 연습하는 받아쓰기

1. ㄱ, ㄷ, ㅂ, ㅅ, ㅈ이 된소리로 소리 날 때가 있어요.

읽기	[성ː격]	[절때]	[봄빠람]	[종쏘리]	[축쩨]
	↓	↓	↓	↓	↓
쓰기	성격	절대	봄바람	종소리	축제

2. 앞말 받침에 ㄱ/ㄲ, ㄷ, ㅂ/ㄼ, ㅈ/ㄵ이 있고 뒷말 첫소리에 ㅎ이 올 때, 앞말의 받침은 소리 나지 않고 뒷말의 첫소리는 거센소리인 [ㅋ], [ㅌ], [ㅍ], [ㅊ]으로 변할 때가 있어요.

읽기	[구콰]	[마텽]	[이팍]	[꼬치다]
	↓	↓	↓	↓
쓰기	국화	맏형	입학	꽂히다

 첫째 마당에서 집중 연습하는 띄어쓰기

은(는), 과, 에서, 아, 이, 가, 까지 등은 혼자서는 뜻을 나타낼 수 없으므로 앞말에 붙여 써야 해요. 그리고 뒤쪽으로 오는 새로운 낱말은 띄어 써야 해요.

저녁 까지 생각해. (X) '까지'는 앞말 '저녁'에 붙여 써야 해요.

저녁까지생각해. (X) '까지' 뒤에 나오는 '생각해'는 새로운 낱말이므로 띄어야 해요.

저녁까지 생각해. (O) '까지'는 앞말 '저녁'과 붙였고, 뒷말 '생각해'와 띄었으므로 바르게 썼어요.

01 알쏭달쏭 수수께끼 1

🔊 다음 글을 큰 소리로 <u>두 번씩</u> 읽어 보세요.

- 때리면 때릴수록 점점 커지는 것은?　　　　종소리
- 씨는 씨인데 땅에 심지 못하는 씨는?　　　아저씨와 아가씨
- 상은 상인데 매일 받는 상은?　　　　　밥상
- 해가 뜨면 땀과 눈물을 흘리며 죽는 사람은?　눈사람
- 귓가에서 속닥대다가 맞아 죽는 곤충은?　　모기
- 많으면 많을수록 좋은 점은?　　　　　장점1)
- 두드려도 절대 열어 주면 안 되는 문은?　　화장실 문

1) 장점: 잘하는 것, 좋은 점 (반댓말: 단점) 예) 아빠의 장점은 요리다.

✏️ 소리 나는 대로 쓰지 않는 말 읽고 쓰기

낱말	읽기	회색 글자만 쓰기	한 번 더 쓰기
종소리	[종쏘리]	종소리	종소리
밥상	[밥쌍]	밥상	
눈사람	[눈ː싸람] ː 앞 글자를 길게 소리 내요.	눈사람	
장점	[장쩜]	장점	
절대	[절때]	절대	

🔍 잘 틀리는 낱말 연습하기

골라 쓰세요!

① ☐ **리면** 때릴수록 점점 커지는 것은? 　　떼　때

② 씨는 씨인데 땅에 심지 ☐ **하는** 씨는? 　　못　몯

③ 상은 상인데 매일 ☐ **는** 상은? 　　밭　받

④ ☐ **가에서** 속닥대다가 맞아 죽는 곤충은? 　　귓　귀

⑤ 많으면 많을수록 ☐ **은** 점은? 　　조　좋

⑥ 두드려도 절대 열어 주면 ☐ **되는** 문은? 　　안　않

✅ 헷갈리는 띄어쓰기 연습하기

'는', '과', '에서'는 앞말과는 붙여 쓰고 뒷말과는 띄어 써요.

☆ 씨는씨인데 → 씨

☆ 땀과눈물을 → 땀

☆ 귓가에서속닥대다가 → 귓

02 팥순이와 콩돌이의 문자 1

🔊) 다음 글을 큰 소리로 두 번씩 읽어 보세요.

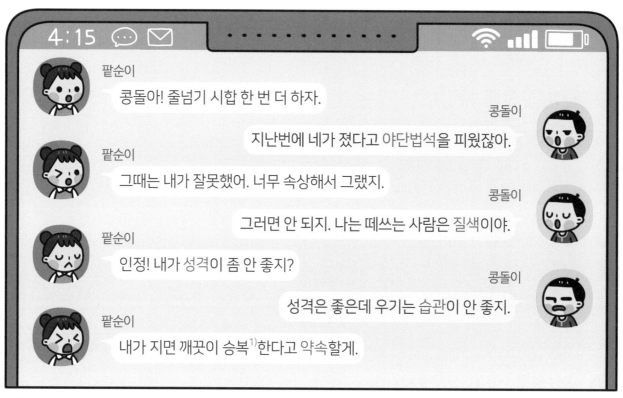

4:15 💬 ✉

팥순이
콩돌아! 줄넘기 시합 한 번 더 하자.

콩돌이
지난번에 네가 졌다고 야단법석을 피웠잖아.

팥순이
그때는 내가 잘못했어. 너무 속상해서 그랬지.

콩돌이
그러면 안 되지. 나는 떼쓰는 사람은 질색이야.

팥순이
인정! 내가 성격이 좀 안 좋지?

콩돌이
성격은 좋은데 우기는 습관이 안 좋지.

팥순이
내가 지면 깨끗이 승복[1]한다고 약속할게.

1) 승복: 결과를 인정하고 따름. 예) 나는 달리기에서 진 것에 승복했다.

 소리 나는 대로 쓰지 않는 말 읽고 쓰기

낱말	읽기	회색 글자만 쓰기	한 번 더 쓰기
야단법석	[야ː단법썩]	야단법석	
질색	[질쌕]	질색	
성격	[성ː껵]	성격	
습관	[습꽌]	습관	
약속	[약쏙]	약속	

🔍 잘 틀리는 낱말 연습하기

골라 쓰세요!

① 콩돌아! 줄넘기 **시** ☐ 한 번 더 하자.   [핬] [합]

② 지난번에 네[1]가 졌다고 야단법석을 **피웠** ☐ **아**.   [잔] [잖]

③ 그때는 ☐ [2] **가** 잘못했어.   [내] [네]

④ 나는 ☐ **쓰는** 사람 질색이야.   [때] [떼]

⑤ 성격은 좋은데 우기는 **습** ☐ **이** 안 좋지.   [관] [간]

⑥ 내가 지면 ☐ **끗이** 승복한다고 약속할게.   [께] [깨]

1) '네'는 너, 상대방을 뜻해요.   예) 네가 잘못했지. 나한테 사과해.
2) '내'는 나 자신을 뜻해요.   예) 내가 잘못했어. 미안해.

✓ 헷갈리는 띄어쓰기 연습하기

누구를 부를 때 쓰는 '아'는 앞말에 붙여 써요.
'이'는 앞말에 붙여 쓰고, 뒷말과는 띄어 써요.

☆ 콩돌<u>아</u>! → 콩 ☐ ☐ !

☆ 성격<u>이좀</u> 안 좋지? → 성 ☐ ☐ ☐ ☐ 안 좋지?

☆ 우기는 <u>습관이안</u> 좋지. → 우기는 습 ☐ ☐ ☐ ☐ 좋지.

🔊)) 다음 글을 큰 소리로 두 번씩 읽어 보세요.   읽기 한 번 두 번

먼 친척보다 가까운 이웃이 낫다

밑 빠진 독에 물 붓기[1]

감나무 밑에서 입만 벌리고 있다[2]

열 길 물속은 알아도 한 길 사람 속은 모른다[3]

봄바람에 말똥 굴러가듯 한다[4]

걷기도 전에 뛰려고 한다

1) 구멍이 난 항아리(독)에 물을 부으면 다 새는 것처럼 아무리 노력해도 소용이 없다는 뜻
2) 감이 떨어질 때까지 입을 벌리고 기다리는 것처럼 노력도 하지 않고 좋은 결과를 바란다는 뜻
3) 물은 아무리 깊어도 그 깊이를 알 수 있지만, 사람의 속마음은 알 수 없다는 뜻
4) 잘 마른 말똥이 바람에 굴러가듯 일이 잘 풀린다는 뜻

 소리 나는 대로 쓰지 않는 말 읽고 쓰기

낱말	읽기	회색 글자만 쓰기	한 번 더 쓰기
낫다	[낟:따]	낫다	
붓기	[붇:끼]	붓기	
물속	[물쏙]	물속	
봄바람	[봄빠람]	봄바람	
걷기	[걷:끼]	걷기	

🔍 잘 틀리는 낱말 연습하기

❶ 먼 친척보다 가까운 이웃이 ☐☐다[1]   낫 낳

❷ ☐☐ 빠진 독에 물 붓기   믿 밑

❸ 감나무 밑에서 입만 벌리고 ☐☐다   있 잇

❹ 열 ☐☐ 물속은 알아도 한 길 사람 속은 모른다   낄 길

❺ 봄바람에 말똥 **굴러가** ☐ 한다   든 듯

❻ 걷기도 전에 ☐☐ **려고** 한다   뛰 띠

[1] '낫다'는 더 좋다는 뜻이고, '낳다'는 새끼를 낳다는 뜻이에요.
※ 속담을 사전에 실린 문구 그대로 적을 때는 마침표를 찍지 않아요.

✅ 헷갈리는 띄어쓰기 연습하기

'보다', '에서', '에'는 앞말과는 붙여 쓰고 뒷말과는 띄어 써야 해요. 앞말을 도와주는 '조사'거든요.

☆ 친척보다가까운 → 친 ☐☐☐☐☐☐☐☐☐☐☐

☆ 밑에서입만 벌리고 있다 → 밑 ☐☐☐☐☐☐ 벌리고 있다

☆ 봄바람에말똥 → 봄 ☐☐☐☐☐☐☐

04 다람쥐의 초대장

🔊 다음 글을 큰 소리로 두 번씩 읽어 보세요.

읽기 [한 번] [두 번]

나는 숲속에 사는 다람쥐야.

우리는 단풍잎 곱게 물든 가을이 되면 축제를 해.

재미있는 놀이도 하고 맛있는 음식도 먹지.

솔방울 차기, 도토리 줍기, 호두까기 시합도 해.

너를 우리 축제에 초대하고 싶어.

참! 입장료가 있어. 조약돌 세 개야.

모레까지 답장을 꼭 보내 줘.

✏️ 소리 나는 대로 쓰지 않는 말 읽고 쓰기

낱말	읽기	회색 글자만 쓰기	한 번 더 쓰기
숲속	[숩쏙]	숲속	
축제	[축쩨]	축제	
솔방울	[솔빵울]	솔방울	
조약돌	[조약똘]	조약돌	
답장	[답짱]	답장	

🔍 잘 틀리는 낱말 연습하기

골라 쓰세요!

1. 나는 숲속에 사는 **다람**☐**야.** 　　　　지 쥐

2. 우리는 **단풍**☐ 곱게 물든 가을이 되면 축제를 해.　　잎 입

3. 재미있는 놀이도 하고 ☐**있는** 음식도 먹지.　　맜 맛

4. 솔방울 차기, 도토리 ☐**기,** 호두까기 시합도 해.　　줍 줍

5. 너를 우리 축제에 **초**☐**하고 싶어.**　　대 데

6. 참! 입장료가 있어. 조약돌 ☐ 개야.　　새 세

✅ 헷갈리는 띄어쓰기 연습하기

'를', '도', '까지'도 '조사'이니 앞말과는 붙여 쓰고 뒷말과는 띄어 써야 해요.

☆ <u>축제를해.</u> → 축 ☐☐☐☐ .

☆ <u>놀이도하고</u> → 놀 ☐☐☐☐☐

☆ <u>모레까지답장을</u> → 모 ☐☐☐☐☐☐ 을

※ '은/는', '을/를', '도', '까지' 등은 '조사'예요. 조사의 '조'는 한자로 도울 '조(助)'를 쓰며 앞말을 돕는다는 뜻이 있어요.

알쏭달쏭 수수께끼 2

🔊 다음 글을 큰 소리로 두 번씩 읽어 보세요.   읽기 | 한 번 | 두 번 |

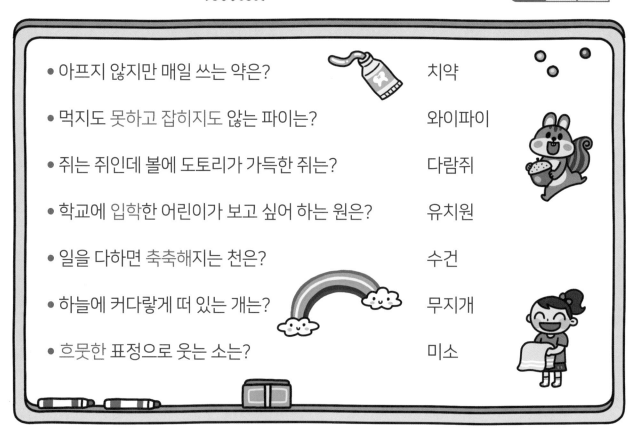

- 아프지 않지만 매일 쓰는 약은?　　　치약
- 먹지도 못하고 잡히지도 않는 파이는?　　와이파이
- 쥐는 쥐인데 볼에 도토리가 가득한 쥐는?　다람쥐
- 학교에 입학한 어린이가 보고 싶어 하는 원은?　유치원
- 일을 다하면 축축해지는 천은?　　　수건
- 하늘에 커다랗게 떠 있는 개는?　　무지개
- 흐뭇한 표정으로 웃는 소는?　　　미소

 소리 나는 대로 쓰지 않는 말 읽고 쓰기

낱말	읽기	회색 글자만 쓰기	한 번 더 쓰기
못하고	[모ː타고]	못하고	
잡히지도	[자피지도]	잡히지도	
입학	[이팍]	입학	
축축해	[축추캐]	축축해	
흐뭇한	[흐무탄]	흐뭇한	

🔍 잘 틀리는 낱말 연습하기

1. 아프지 않지만 [   ]일 쓰는 약은?   메 매

2. 먹지도 못하고 잡히지도 [   ]는 파이는?   않 안

3. 쥐는 쥐인데 볼에 도토리가 가득한 [   ]는?   죄 쥐

4. 학교에 입학한 어린이가 보고 싶어 하는 [   ]은?   원 윈

5. 하늘에 **커다**[   ]게 떠 있는 개는?   랗 랃

6. 흐뭇한 표정으로 [   ]는 소는?   운 웃

✅ 헷갈리는 띄어쓰기 연습하기

'에', '가', '으로'는 앞말과는 붙여 쓰고 뒷말과는 띄어 써야 해요.

☆ <u>볼에도토리가</u> ➡ 볼 [   ]

☆ <u>어린이가보고</u> <u>싶어 하는</u> ➡ 어 [   ] 싶어 하는

☆ <u>표정으로웃는</u> ➡ 표 [   ]

06 팥순이와 콩돌이의 문자 2

🔊 다음 글을 큰 소리로 두 번씩 읽어 보세요.

읽기 한 번 | 두 번

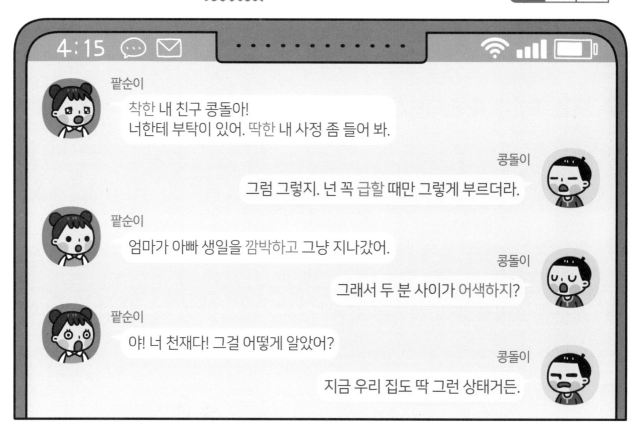

4:15

팥순이
착한 내 친구 콩돌아!
너한테 부탁이 있어. 딱한 내 사정 좀 들어 봐.

콩돌이
그럼 그렇지. 넌 꼭 급할 때만 그렇게 부르더라.

팥순이
엄마가 아빠 생일을 깜박하고 그냥 지나갔어.

콩돌이
그래서 두 분 사이가 어색하지?

팥순이
야! 너 천재다! 그걸 어떻게 알았어?

콩돌이
지금 우리 집도 딱 그런 상태거든.

 소리 나는 대로 쓰지 않는 말 읽고 쓰기

낱말	읽기	회색 글자만 쓰기	한 번 더 쓰기
착한	[차칸]	착한	
딱한	[따칸]	딱한	
급할	[그팔]	급할	
깜박하고	[깜바카고]	깜박하고	
어색하지	[어새카지]	어색하지	

🔍 잘 틀리는 낱말 연습하기

골라 쓰세요!

① 착한 ☐ 친구 콩돌아!　　　내　네

② 너한 ☐ 부탁이 있어.　　　태　테

③ 딱한 내 사정 좀 들어 ☐.　　　봐　바

④ 엄마가 아빠 생일을 깜박하고 그냥 **지나** ☐ 어.　　　같　갔

⑤ 야! 너 **천** ☐ 다! 그걸 어떻게 알았어?　　　제　재

⑥ 지금 우리 집도 딱 그런 **상** ☐ 거든.　　　태　테

✅ 헷갈리는 띄어쓰기 연습하기

'한테', '을', '도'는 앞말과는 붙여 쓰고 뒷말과는 띄어 써야 해요.

☆ <u>너한테부탁이</u> 있어. ➜ 너 ☐☐☐☐☐☐☐☐ 있어.

☆ <u>생일을깜박하고</u> ➜ 생 ☐☐☐☐☐☐☐☐☐

☆ 우리 <u>집도딱</u> 그런 상태거든. ➜ 우리 집 ☐☐☐ 그런 상태거든.

07 재미있는 속담 2

 다음 글을 큰 소리로 두 번씩 읽어 보세요.

읽기 한 번 두 번

꼬리가 길면 밟힌다[1]

급하면 바늘허리에 실 매어 쓸까?[2]

수박 겉핥기[3]

오르지 못할 나무는 쳐다보지도 마라

뚝배기보다 장맛이 좋다[4]

금강산도 식후경[5]

1) 나쁜 짓을 계속하면 언젠가는 들킨다는 뜻
2) 아무리 급해도 바늘허리에 실을 매어 쓸 수 없는 것처럼 급해도 일을 순서대로 처리해야 한다는 뜻
3) 속은 모르고 겉만 대충 안다는 뜻
4) 그릇은 별로인데 안에 담긴 된장 맛은 좋은 것처럼 겉은 초라하지만 내용은 훌륭하다는 뜻
5) 아름다운 금강산도 식사를 한 후에 구경하는 것처럼 일단 배를 채우고 할 일을 하자는 뜻

소리 나는 대로 쓰지 않는 말 읽고 쓰기

낱말	읽기	회색 글자만 쓰기	한 번 더 쓰기
밟힌다	[발핀다]	밟힌다	
급하면	[그파면]	급하면	
겉핥기	[거탈끼]	겉핥기	
못할	[모ː탈]	못할	
식후경	[시쿠경]	식후경	

🔍 잘 틀리는 낱말 연습하기

① 꼬리가 길면 ⬜ 힌다 　　　　발 　밟

② 급하면 **바늘허리** ⬜ 　　　　애 　에

③ 실 ⬜ 어¹⁾ 쓸까? 　　　　　매 　메

④ 수박 겉 ⬜ 기 　　　　　　할 　핥

⑤ 오르지 ⬜ **할** 나무는 쳐다보지도 마라 　못 　몯

⑥ 뚝 ⬜ 기보다 장맛이 좋다 　　　배 　베

1) 매다: 끈이나 줄을 묶어 풀어지지 않게 함. / 메다: 짐이나 가방 등을 어깨에 걸침.

✅ 헷갈리는 띄어쓰기 연습하기

> '는', '보다', '도'는 앞말과는 붙여 쓰고 뒷말과는 띄어 써야 해요.

☆ 나무<u>는</u>쳐다보지도 ➜ 나

☆ 뚝배기<u>보다</u>장맛 ➜ 뚝

☆ 금강산<u>도</u>식후경 ➜ 금

08 새로 나온 만두 광고

🔊 다음 글을 큰 소리로 두 번씩 읽어 보세요.

읽기 | 한 번 | 두 번

'고기랑 김치랑' 만두가 새로 나왔습니다.

고기만두와 김치만두를 한번에!

납작한 모양이어서 군만두로 최고입니다.

겉은 바삭하고 속은 촉촉하게 느껴집니다.

조금 먹었다고 섭섭해할 일도 없어요.

넉넉한 양으로 온가족이 함께 먹어요.

풍성하고 화목한 식탁을 만들어 보세요.

 소리 나는 대로 쓰지 않는 말 읽고 쓰기

낱말	읽기	회색 글자만 쓰기	한 번 더 쓰기
납작한	[납짜칸]	납작한	
촉촉하게	[촉초카게]	촉촉하게	
섭섭해할	[섭써패할]	섭섭해할	
넉넉한	[넝너칸]	넉넉한	
화목한	[화모칸]	화목한	

26

🔍 잘 틀리는 낱말 연습하기

① '고기랑 김치랑' 만두가 [　] 로 나왔습니다.　　새　세

② 납작한 모양이어서 군만두로 [　] 고입니다.　　최　채

③ [　] 은 바삭하고 속은 촉촉하게 느껴집니다.　　것　겉

④ 조금 먹었다고 섭섭해할 일도 [　] 어요.　　업　없

⑤ 넉넉한 양으로 온가족이 함 [　] 먹어요.　　게　께

⑥ 풍성하고 화목한 식탁을 [　] 들어 보세요.　　만　많

✅ 헷갈리는 띄어쓰기 연습하기

'랑', '와', '로'는 앞말과는 붙여 쓰고 뒷말과는 띄어 써야 해요.

☆ 고기랑김치 ➡ | 고 | | | | | |

☆ 만두와김치 ➡ | 만 | | | | | |

☆ 군만두로최고 ➡ | 군 | | | | | | |

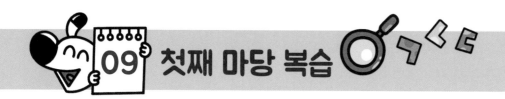

바르게 쓴 6칸을 찾아 색칠하여 자음을 찾아보세요.

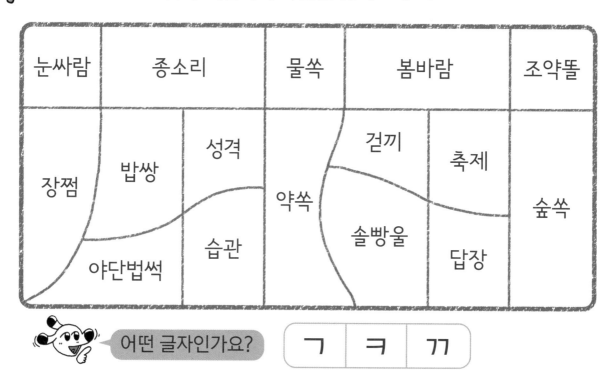

| 눈싸람 | 종소리 | | 물쏙 | 봄바람 | | 조약똘 |

| 장쩜 | 밥쌍 | 성격 | 약쏙 | 걷끼 | 축제 | 숲쏙 |
| | 야단법썩 | 습관 | | 솔빵울 | 답장 | |

어떤 글자인가요? ㄱ ㅋ ㄲ

바르게 쓴 6칸을 찾아 색칠하여 자음을 찾아보세요.

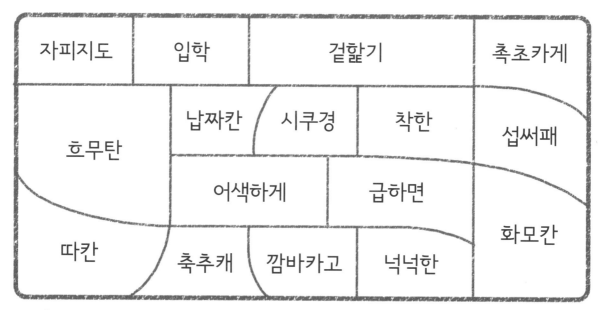

| 자피지도 | 입학 | 겉핥기 | 촉초카게 |

흐무탄	납짜칸	시쿠경	착한	섭써패
	어색하게	급하면	
따칸	축추캐	깜바카고	넉넉한	화모칸

어떤 글자인가요? ㄱ ㅋ ㄲ

✏️ 알맞은 낱말을 골라서 쓰세요.

골라 쓰세요!

① 많으면 많을수록 [　　　] 점은?

조은　좋은

② 나는 [　] 쓰는 사람은 질색이야.

떼　때

③ [　] 빠진 독에 물 붓기

밑　밑

④ 꼬리가 길면 [　　　　]

밟힌다　발핀다

⑤ [　] 은 바삭하고 속은 촉촉

것　겉

✅ 밑줄 친 부분의 띄어쓰기를 바르게 한 것에 V표를 하세요.

속담
☆
☐ 걷기도전에 뛰려고 한다
☐ 걷기도 전에 뛰려고 한다

☆
☐ 볼에도토리가 가득한 쥐는?
☐ 볼에 도토리가 가득한 쥐는?

☆
☐ 모레까지 답장을 꼭 보내 줘.
☐ 모레까지답장을 꼭 보내 줘.

☆
☐ 너한테부탁이 있어.
☐ 너한테 부탁이 있어.

속담
☆
☐ 뚝배기보다장맛이 좋다
☐ 뚝배기보다 장맛이 좋다

※ 속담을 사전에 실린 문구 그대로 적을 때는 마침표를 찍지 않아요.

🎧 잘 듣고 낱말을 정확하게 쓰세요.

(QR코드를 찍어 들려주거나 맨 뒷장을 보고 불러 주세요.)

①

②

③

④

⑤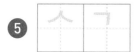

⑥

⑦

⑧

⑨

⑩

⑪

⑫

⑬

⑭

⑮

⑯

✏️ 틀린 낱말은 한 번씩 더 써 보세요.

🎧 **잘 듣고 띄어쓰기에 신경 쓰며 정확하게 쓰세요.**

(QR코드를 찍어 들려주거나 맨 뒷장을 보고 불러 주세요.)

❶ | 따 | ㄱ | | ㄴ | ㅁ |

❷ | ㄷ | ㅌ | ㄹ | ㄱ | | ㄱ | ㄷ | ㅎ |

❸ | ㅅ | ㄱ | ㅇ | | 좋 | ㄷ | .

❹ | ㅇ | ㅈ | ㄹ | ㄱ | | ㅇ | ㅇ | .

❺ | ㄴ | ㅎ | 테 | | ㅂ | ㅌ | ㅎ | 게 | .

❻ | ㅊ | ㅊ | ㅂ | ㄷ | | ㄱ | ㄲ | ㅇ |

❼ | ㅇ | ㄹ | ㅇ | | ㅊ | 제 |

❽ | ㄱ | ㄱ | ㄹ | | ㄱ | ㅊ |

❾ | ㄱ | ㅁ | ㄷ | ㄹ | | 최 | ㄱ |

❿ | ㄱ | ㄱ | ㅅ | ㄷ | | ㅅ | ㅎ | ㄱ |

일기와 편지로
배우는 맞춤법

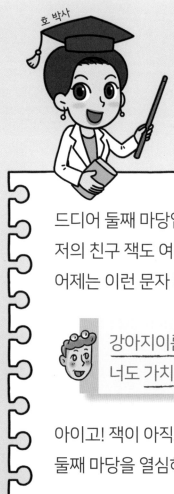

호 박사

드디어 둘째 마당입니다!

저의 친구 잭도 여러분처럼 열심히 맞춤법 공부를 하고 있어요.

어제는 이런 문자 메시지를 보냈더군요.

 강아지이름을 한국어로 지으려고 해.
너도 가치 지어 볼래?

아이고! 잭이 아직도 맞춤법 실수를 하네요.

둘째 마당을 열심히 공부해서 여러분이 틀린 부분을 알려 주세요.

실수 1 강아지이름 → 강아지 이름   실수 2 가치 → 같이

둘째 마당에서 집중 연습하는 받아쓰기

1. 받침이 있는 글자 뒤에 'ㅇ'으로 시작하는 글자가 나오면 앞말의 받침이 뒷말의
   첫소리로 나는 경우가 있어요. 이럴 때는 소리 나는 대로 쓰지 말고 앞말의 받침을
   살려서 써야 해요.(연음 현상)

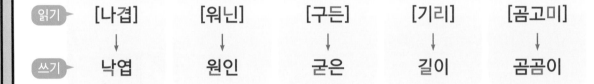

읽기	[나겹]	[워닌]	[구든]	[기리]	[곰고미]
	↓	↓	↓	↓	↓
쓰기	낙엽	원인	굳은	길이	곰곰이

2. 앞말의 받침에 있는 ㄷ/ㅌ이 뒷말의 'ㅣ' 모음과 만나면 받침 소리는 나지 않고
   뒷말의 첫소리가 [ㅈ/ㅊ]으로 소리 나요. 이럴 때는 소리 나는 대로 쓰지 말고 받침의
   ㄷ/ㅌ을 살려서 써야 해요.(구개음화 현상)

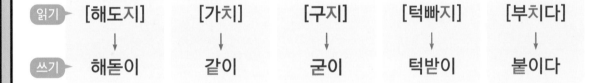

읽기	[해도지]	[가치]	[구지]	[턱빠지]	[부치다]
	↓	↓	↓	↓	↓
쓰기	해돋이	같이	굳이	턱받이	붙이다

 둘째 마당에서 집중 연습하는 띄어쓰기

각각의 뜻이 있는 말은 띄어서 써야 해요.

오늘은친구 (X)	다리를다치셨다. (X)
↓	↓
오늘은∨친구 (O)	다리를∨다치셨다. (O)

※ '은'과 '를'은 앞말에 붙여 쓰고 뒤쪽으로 오는 새로운 낱말은 띄어 써야
   한다고 설명할 수도 있어요.(첫째 마당식 설명)

 11 일기 친구의 달팽이

🔊 다음 글을 큰 소리로 두 번씩 읽어 보세요.   읽기 한번 두번

20○○년 4월 5일 목요일	날씨: 미세 먼지가 짙음

오늘은 친구 집에 놀러 갔다.

친구는 달팽이를 키우는데, 먹을 것으로 상추를 주었다.

달팽이 집 바닥에는 젖은 흙을 깔아 준다.

주변은 항상 깨끗이 해 주어야 한다.

나는 달팽이가 기어가는 걸 숨죽이며 보았다.

달팽이가 곧 알을 낳을 거라고 친구가 말해 주었다.

그러면 나도 한 마리 받아서 키우고 싶다.

✏️ 소리 나는 대로 쓰지 않는 말 읽고 쓰기

낱말	읽기	회색 글자만 쓰기	한 번 더 쓰기
짙음	[지틈]	짙음	짙음
오늘은	[오느른]	오늘은	
먹을	[머글]	먹을	
젖은	[저즌]	젖은	
숨죽이며	[숨:주기며]	숨죽이며	

34

🔍 잘 틀리는 낱말 연습하기

1 날씨: 미 ☐ 먼지가 짙음 　　　　　　　새　세

2 먹을 것으로 상 ☐ 를 주었다. 　　　　　추　치

3 달팽이 집 바닥에는 젖은 ☐ 을 깔아 준다. 　　흑　흙

4 주변은 항상 깨 ☐ 이 해 주어야 한다. 　　끗　끝

5 나는 달 ☐ 이가 기어가는 걸 숨죽이며 보았다. 　팽　펭

6 달팽이가 ☐ 알을 낳을 거라고 　　　　　곳¹⁾　곧²⁾

1) 곳: 장소　예) 조용한 곳으로 가자.
2) 곧: 바로, 조금 지나면　예) 아빠가 곧 오실 거야.

✅ 헷갈리는 띄어쓰기 연습하기

'놀러'와 '갔다', '달팽이'와 '집', '키우고'와 '싶다'는 각각의 뜻이 있으므로 띄어 써야 해요.

☆ 친구 집에 <u>놀러갔다.</u> ➜ 친구 집에 [놀 ☐☐☐☐☐].

☆ <u>달팽이집</u> 바닥에는 ➜ [달 ☐☐☐☐☐] 바닥에는

☆ <u>키우고싶다.</u> ➜ [키 ☐☐☐☐☐].

12 할머니 병문안을 갔다

🔊 다음 글을 큰 소리로 두 번씩 읽어 보세요.   읽기 한 번 | 두 번

| 20○○년 2월 28일 토요일 | 날씨: 흐림 |

할머니가 넘어지셔서 무릎을 다치셨다.

아빠와 함께 꽃다발을 사서 병문안을 갔다.

큰아버지와 사촌 언니도 와 있었다.

할머니는 집에만 있으니 감옥 같다고 하셨다.

그래서 언니와 나는 번갈아 가며 노래를 불러 드렸다.

가족들의 반응이 아주 좋았다.

할머니는 또 놀러 오라고 하셨다.

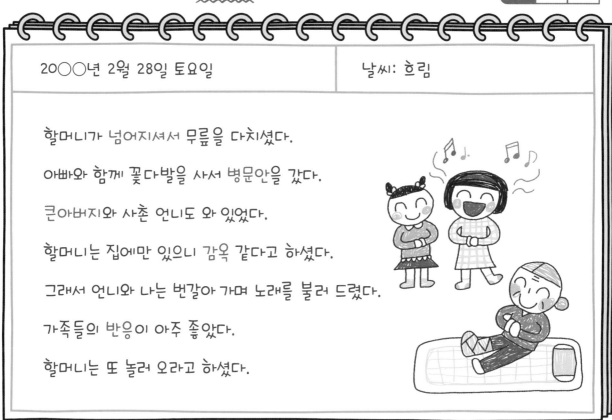

✏️ 소리 나는 대로 쓰지 않는 말 읽고 쓰기

낱말	읽기	회색 글자만 쓰기	한 번 더 쓰기
넘어지셔서	[너머지셔서]	넘어지셔서	
병문안	[병:무난]	병문안	
큰아버지	[크나버지]	큰아버지	
감옥	[가목]	감옥	
반응	[바:능]	반응	

잘 틀리는 낱말 연습하기

① 할머니가 넘어지셔서 **무**☐**을** 다치셨다.
릅　륳

② 아빠와 함께 ☐**다발을** 사서 병문안을 갔다[1].
꼿　꽃

③ 큰아버지와 사촌 언니도 와 ☐**었다.**
있　잇

④ 할머니는 집에만 있으니 감옥 ☐**다고** 하셨다.
갔　같[2]

⑤ 언니와 나는 번갈아 가며 **노**☐**를** 불러 드렸다.
래　레

⑥ 가족들의 반응이 아주 ☐**았다.**
조　좋

1) 갔다: 한곳에서 다른 곳으로 장소를 이동함. 2) 같다: 다르지 않고 하나임.

헷갈리는 띄어쓰기 연습하기

'꽃다발을'과 '사서', '사촌'과 '언니', '집에만'과 '있으니'는 각각의 뜻이 있으므로 띄어 써야 해요.

☆ 꽃다발을사서 ➜ 꽃☐☐☐☐☐☐☐

☆ 사촌언니도 ➜ 사☐☐☐☐ 도

☆ 집에만있으니 ➜ 집☐☐☐☐☐☐☐

13 일기 '믿음'이랑 더 친해진 날

🔊 다음 글을 큰 소리로 두 번씩 읽어 보세요.

읽기 | 한 번 | 두 번

20○○년 10월 18일 토요일 | 날씨: 구름이 둥실

지난주에 입양한 강아지 이름을 '믿음'이라고 지었다.

믿음이는 겁이 많았다.

그래서 많이 안아 주고 뽀뽀도 해 주었다.

목욕이 끝나고 털을 탈탈 터는 모습이 무척 귀여웠다.

오늘은 처음으로 내 손에 앞발을 올렸다.

떼굴떼굴 굴러가는 낙엽도 함께 쫓아다녔다.

믿음이랑 더 친해진 것 같다.

 소리 나는 대로 쓰지 않는 말 읽고 쓰기

낱말	읽기	회색 글자만 쓰기	한 번 더 쓰기
믿음	[미듬]	믿음	
겁이	[거비]	겁이	
목욕	[모곡]	목욕	
처음으로	[처으므로]	처음으로	
낙엽	[나겹]	낙엽	

① 믿음이는 겁이 ☐☐ 았다.　　많　마

② 그 ☐ 서 많이 안아 주고 뽀뽀도 해 주었다.　　레　래

③ 목욕이 ☐ 나고 털을 탈탈 터는 모습이 무척 귀여웠다.　　끝　끈

④ 오늘은 처음으로 내 손에 ☐ 발을 올렸다.　　압　앞

⑤ 굴러가는 낙엽도 함께 ☐ 아다녔다.　　쫓　쫒

⑥ 믿음이랑 더 친 ☐ 진 것 같다.　　해　헤

헷갈리는 띄어쓰기 연습하기

'강아지'와 '이름을', '목욕이'와 '끝나고', '내'와 '손에'는 각각의 뜻이 있으므로 띄어 써야 해요.

☆ 강아지이름을 ➡ 강

☆ 목욕이끝나고 ➡ 목

☆ 내손에 ➡ 내

14 망가진 허수아비

일기

🔊 다음 글을 큰 소리로 두 번씩 읽어 보세요.

읽기 한 번 두 번

20○○년 9월 1일 목요일	날씨: 비가 갬

밤에 비가 많이 와서 밭이 걱정되었다.

새벽같이 일어나 엄마랑 밭에 가 보았다.

다행히 깨와 콩은 괜찮았다.

곧 가을걷이[1]를 해야 하는데 다행이다.

그런데 허수아비가 군데군데 망가져 있었다.

엄마가 뚝딱뚝딱 고치셨다.

허수아비에 묻은 흙도 샅샅이 털었다.

그랬더니 감쪽같이 원래 모습으로 돌아왔다.

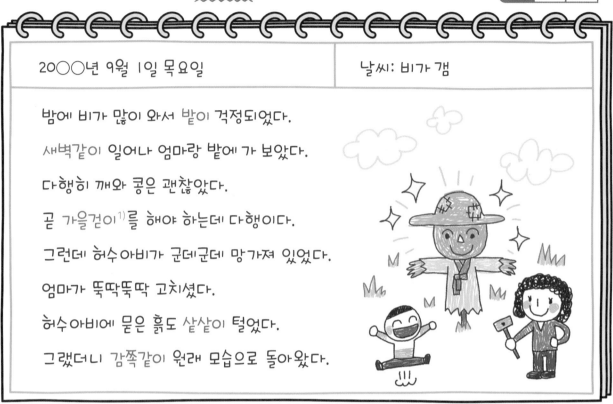

1) 가을걷이: 가을에 익은 곡식을 거두어들이는 일

 소리 나는 대로 쓰지 않는 말 읽고 쓰기

낱말	읽기	회색 글자만 쓰기	한 번 더 쓰기
밭이	[바치]	밭이	
새벽같이	[새벽까치]	새벽같이	
가을걷이	[가을거지]	가을걷이	
샅샅이	[삳싸치]	샅샅이	
감쪽같이	[감쪽까치]	감쪽같이	

🔍 잘 틀리는 낱말 연습하기

① 새벽같이 일어나 엄마랑 밭에 가 보 ☐ 다.   앗 앗

② 다행히 깨와 콩은 ☐ 찮았다.   괜 괸

③ 곧 가을걷이를 해야 하는데 다 ☐ 이다.   앵 행

④ 허수아비가 군 ☐ 군 ☐ 망가져 있었다.   데 대

⑤ 허수아비에 ☐ 은 흙도 샅샅이 털었다.   묻 뭍

⑥ 감쪽같이 원 ☐ 모습으로 돌아왔다.   레 래

✅ 헷갈리는 띄어쓰기 연습하기

'밤에'와 '비가', '허수아비에'와 '묻은', '원래'와 '모습으로'는 각각의 뜻이 있으므로 띄어 써야 해요.

☆ <u>밤에비가</u> 많이 와서 → | 밤 | | | | | | 많이 와서

☆ <u>허수아비에묻은</u> → | 허 | | | | | | | | |

☆ <u>원래모습으로</u> → | 원 | | | | | | | |

15 사촌 동생이 생겼다

🔊 다음 글을 큰 소리로 두 번씩 읽어 보세요.

읽기 | 한 번 | 두 번

| 20○○년 12월 25일 목요일 | 날씨: 함박눈이 내림 |

이모가 입양[1]한 아기를 보러 갔다.

턱받이를 한 모습이 무척 귀여웠다.

붙임성[2]이 좋은지 생글생글 잘 웃었다.

이모랑 똑같이 오른쪽 볼에 보조개가 있다.

드디어 나한테 사촌 동생이 생겼다.

내가 어릴 적 쓰던 등받이도 물려줘야지.

동생이 생긴 게 꿈같이 느껴진다.

1) 입양: 다른 사람이 낳은 아이를 친자식으로 들이는 일
2) 붙임성: 남과 잘 사귀고 어울리는 성질

 소리 나는 대로 쓰지 않는 말 읽고 쓰기

낱말	읽기	회색 글자만 쓰기	한 번 더 쓰기
턱받이	[턱빠지]	턱받이	
붙임성	[부침썽]	붙임성	
똑같이	[똑까치]	똑같이	
등받이	[등바지]	등받이	
꿈같이	[꿈가치]	꿈같이	

🔍 잘 틀리는 낱말 연습하기

골라 쓰세요!

❶ 이모가 입양한 아기를 보러 ☐☐ 다.　　갔 갓

❷ 턱받이를 한 모습이 무척 **귀여** ☐☐ 다.　　었 웠

❸ 붙임성이 좋은지 생글생글 잘 ☐☐ **었다.**　　웃 운

❹ 이모랑 똑같이 오른쪽 볼에 **보조** ☐☐ 가 있다.　　게 개

❺ 드디어 **나한** ☐☐ 사촌 동생이 생겼다.　　테 태

❻ 동생이 생긴 ☐☐ 꿈같이 느껴진다.　　개 게

✅ 헷갈리는 띄어쓰기 연습하기

> '이모가'와 '입양한', '오른쪽'과 '볼에', '드디어'와 '나한테'는 각각의 뜻이 있으므로 띄어 써야 해요.

☆ 이모가입양한 ➜ 이

☆ 오른쪽볼에 ➜ 오

☆ 드디어나한테 ➜ 드

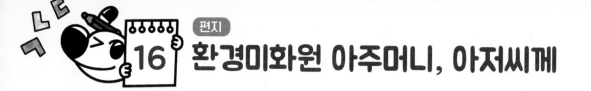
🔊 다음 글을 큰 소리로 두 번씩 읽어 보세요.

안녕하세요! 제 이름은 덜렁이입니다.

제가 어제 과자를 길에 떨어뜨렸어요.

학원에 급하게 뛰어가느라 그냥 지나갔어요.

오늘 다시 가 보니 깨끗이 치워져 있었어요.

아빠는 환경미화원들 덕분이라고 하셨어요.

모두 잠든 새벽에 온 거리를 청소해 주신다고요.

이제부터 저도 남에게 도움을 주고 싶어요.

앞으로 쓰레기가 보이면 저도 주울게요.

 소리 나는 대로 쓰지 않는 말 읽고 쓰기

낱말	읽기	회색 글자만 쓰기	한 번 더 쓰기
이름은	[이르믄]	이름은	
길에	[기레]	길에	
깨끗이	[깨끄시]	깨끗이	
도움을	[도우믈]	도움을	
앞으로	[아프로]	앞으로	

🔍 **잘 틀리는 낱말 연습하기**

골라 쓰세요!

1 제가 **어**⬜ 과자를 길에 떨어뜨렸어요. ⬜제 ⬜재

2 학원에 **급하**⬜ 뛰어가느라 그냥 지나갔어요. ⬜개 ⬜게

3 오늘 다시 가 보니 깨끗이 **치**⬜**져** 있었어요. ⬜워 ⬜어

4 ⬜**벽에** 온 거리를 청소해 주신다고요. ⬜세 ⬜새

5 **이**⬜**부터** 저도 남에게 도움을 주고 싶어요. ⬜재 ⬜제

6 앞으로 **쓰**⬜**기가** 보이면 저도 주울게요. ⬜래 ⬜레

✅ **헷갈리는 띄어쓰기 연습하기**

'제'와 '이름은', '모두'와 '잠든', '저도'와 '주울게요'는 각각의 뜻이 있으므로 띄어 써야 해요.

☆ 제이름은 ➜ 제 ⬜⬜⬜⬜

☆ 모두잠든 새벽에 ➜ 모 ⬜⬜⬜⬜ 새벽에

☆ 저도주울게요. ➜ 저 ⬜⬜⬜⬜⬜⬜ .

45

편지

17 청개구리에게

🔊 다음 글을 큰 소리로 두 번씩 읽어 보세요.

읽기 한 번 두 번

안녕? 나는 도시에 사는 초등학생이야.

시골에 가면 너를 꼭 만나고 싶어.

왜냐하면 내 별명이 청개구리거든.

엄마 말을 안 들어서 붙은 별명이야.

나는 네 마음을 이해할 수 있어.

누가 하지 말라면 더 하고 싶잖아.

남들 골탕 먹이기가 내 취미야.

너도 나를 만나려면 각오[1]해야 할걸?

1) 각오: 마음의 준비 예) 나는 각오를 단단히 하고 형에게 대들었다.

 소리 나는 대로 쓰지 않는 말 읽고 쓰기

낱말	읽기	회색 글자만 쓰기	한 번 더 쓰기
시골에	[시고레]	시골에	
말을	[마:를]	말을	
붙은	[부튼]	붙은	
마음을	[마으믈]	마음을	
각오	[가고]	각오	

🔍 잘 틀리는 낱말 연습하기

골라 쓰세요!

① 나는 **도시** ☐ 사는 초등학생이야.   애 에

② ☐ **냐하면** 내 별명이 청개구리거든.   왜 외

③ 엄마 말을 ☐ 들어서 붙은 별명이야.   안 않

④ 나는 네 마음을 잘 **이** ☐ **할** 수 있어.   애 해

⑤ 누가 하지 말라면 더 하고 **싶** ☐ **아.**   잖 잔

⑥ 너도 나를 만나려면 각오해야 **할** ☐ ?   껄 걸

✅ 헷갈리는 띄어쓰기 연습하기

> '도시에'와 '사는', '엄마'와 '말', '나를'과 '만나려면'은 각각의 뜻이 있으므로 띄어 써야 해요.

☆ 도시에사는 초등학생 ➡ | 도 | | | | | | 초등학생

☆ 엄마말을 안 들어서 ➡ | 엄 | | | | 안 들어서

☆ 나를만나려면 ➡ | 나 | | | | | | |

🔊 다음 글을 큰 소리로 두 번씩 읽어 보세요.   읽기 한 번 두 번

아주머니! 오늘 농장을 체험하게 해 주셔서 감사합니다.

벼에서 낟알[1] 터는 게 정말 재미있었어요.

넝쿨에 줄줄이 달린 호박 따는 것도요.

호미로 풀을 뽑을 때는 정말 신이 났어요.

저의 장래 희망도 농부예요.

저는 농작물[2]과 가축을 기르고 싶어요.

나중에 어른이 돼서[3] 다시 올게요.

1) 낟알: 껍질을 벗기지 않은 곡식의 알
2) 농작물: 논밭에서 키우는 곡식이나 채소
3) 돼서: '되어서'의 줄임말   예) 경기가 취소돼서 속상하다.

✏️ 소리 나는 대로 쓰지 않는 말 읽고 쓰기

낱말	읽기	회색 글자만 쓰기	한 번 더 쓰기
낟알	[나:달]	낟알	
줄줄이	[줄주리]	줄줄이	
풀을	[푸를]	풀을	
났어요	[나써요]	났어요	
가축을	[가추글]	가축을	

잘 틀리는 낱말 연습하기

골라 쓰세요!

1. 오늘 농장을 [　]험하게 해 주셔서 감사합니다.   체 채

2. 벼 [　] 서 낟알 터는 게 정말 재미있었어요.   애 에

3. 넝쿨에 **줄줄** [　] 달린 호박 따는 것도요.   이 히

4. 호미로 풀을 뽑을 때는 정말 신이 [　] **어요**.   낫 났

5. **저** [　] 장래 희망도 농부예요.   에 의

6. 나중에 어른이 [　] **서** 다시 올게요.   되 돼

헷갈리는 띄어쓰기 연습하기

'농장을'과 '체험', '넝쿨에'와 '줄줄이', '장래'와 '희망'은 각각의 뜻이 있으므로 띄어 써야 해요.

☆ <u>농장을체험하게</u> ➜ 농 [　][　][　][　][　] 하게

☆ <u>넝쿨에줄줄이 달린</u> ➜ 넝 [　][　][　][　][　] 달린

☆ <u>장래희망도 농부예요.</u> ➜ 장 [　][　][　][　] 농부예요.

🔊 다음 글을 큰 소리로 두 번씩 읽어 보세요.

읽기 한 번 두 번

산타 할아버지! 벌써 가을의 끝이 왔어요.

이제 조금씩 바빠지시겠네요?

궁금한 점이 있어서 편지를 드려요.

왜 굳이 굴뚝으로 내려오시나요?

어떻게 미닫이[1]를 소리도 내지 않고 여시나요?

전 세계를 쏜살같이 돌아다니시는 비법은 뭔가요?

해돋이 전에는 집으로 돌아가시나요?

이번에는 선물 대신 답장을 기다릴게요.

1) 미닫이: 옆으로 밀어서 열고 닫는 문이나 창 / 여닫이: 앞으로 밀어서 열고 닫는 문이나 창
　　예) 우리 집 현관문은 여닫이고, 거실 창문은 미닫이다.

 소리 나는 대로 쓰지 않는 말 읽고 쓰기

낱말	읽기	회색 글자만 쓰기	한 번 더 쓰기
끝이	[끄치]	끝이	
굳이	[구지]	굳이	
미닫이	[미:다지]	미닫이	
쏜살같이	[쏜살가치]	쏜살같이	
해돋이	[해도지]	해돋이	

잘 틀리는 낱말 연습하기

1 **가을** ☐ 끝이 왔어요.　　에 의

2 **이** ☐ 조금씩 바빠지시겠네요?　　제 재

3 ☐ 굳이 굴뚝으로 내려오시나요?　　외 왜

4 어떻게 미닫이를 소리도 내지 ☐ **고** 여시나요?　　않 안

5 전 세 ☐ **를** 쏜살같이 돌아다니시는 비법은 뭔가요?　　계 게

6 이번에는 선물 ☐ **신** 답장을 기다릴게요.　　데 대

헷갈리는 띄어쓰기 연습하기

'산타'와 '할아버지', '왜'와 '굳이', '해돋이'와 '전에는'은 각각의 뜻이 있으므로 띄어 써야 해요.

☆ 산타할아버지! → 산 ☐☐☐☐☐☐☐ !

☆ 왜굳이 굴뚝으로 → 왜 ☐☐☐ 굴뚝으로

☆ 해돋이전에는 → 해 ☐☐☐☐☐☐

51

🔊 다음 글을 큰 소리로 두 번씩 읽어 보세요.

읽기 한번 두번

맏이[1]인 제가 드릴 말이 있습니다.

동생들 말만 곧이곧대로 들으시면 안 돼요.

오늘 사건에 대해 낱낱이 알려드릴게요.

제가 과자 봉지를 뜯을 때였어요.

동생들이 악착같이 달려들어 과자를 빼앗았어요.

쌍둥이 동생들은 하나같이 저만 공격합니다.

그래서 제가 고함을 쳤던 거예요.

무조건 저만 혼내시니 억울합니다.

1) 맏이: 여러 형제자매 중에서 첫째 예) 우리 아빠는 삼 형제 중에서 맏이다.

✏️ 소리 나는 대로 쓰지 않는 말 읽고 쓰기

낱말	읽기	회색 글자만 쓰기	한 번 더 쓰기
맏이	[마지]	맏이	
곧이곧대로	[고지곧때로]	곧이곧대로	
낱낱이	[난:나치]	낱낱이	
악착같이	[악착까치]	악착같이	
하나같이	[하나가치]	하나같이	

🔍 잘 틀리는 낱말 연습하기

① 동생들 말만 곧이곧대로 들으시면 안 [ ]요[1].

돼 되

② 오늘 사건에 대[ ] 낱낱이 알려드릴게요.

에 해

③ 제가 과자 봉지를 [ ]을 때였어요.

뜯 뜻

④ 동생들이 악착같이 달려들어 과자를 [ ]앗았어요.

뻬 빼

⑤ 그래서 제가 고[ ]을 쳤던 거예요.

암 함

⑥ 무조[ ] 저만 혼내시니 억울합니다.

건 권

1) 돼요: '되어요'의 줄임말   예) 안 되요(×), 안 되어요 / 안 돼요(○)

✅ 헷갈리는 띄어쓰기 연습하기

'동생들'과 '말만', '사건에'와 '대해', '고함을'과 '쳤던'은 각각의 뜻이 있으므로 띄어 써야 해요.

☆ 동생들말만 곧이곧대로 → 동 [ ][ ][ ][ ][ ][ ][ ][ ] 곧이곧대로

☆ 사건에대해 낱낱이 → 사 [ ][ ][ ][ ][ ][ ] 낱낱이

☆ 고함을쳤던 거예요. → 고 [ ][ ][ ][ ][ ][ ][ ] 거예요.

바르게 쓴 6칸을 찾아 색칠하여 자음을 찾아보세요.

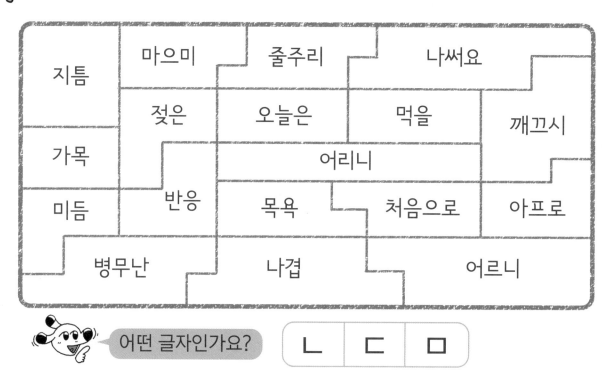

지틈	마으미	줄주리	나써요	
	젖은	오늘은	먹을	깨끄시
가목		어리니		
미듬	반응	목욕	처음으로	아프로
병무난		나겹	어르니	

어떤 글자인가요? ㄴ ㄷ ㅁ

바르게 쓴 6칸을 찾아 색칠하여 자음을 찾아보세요.

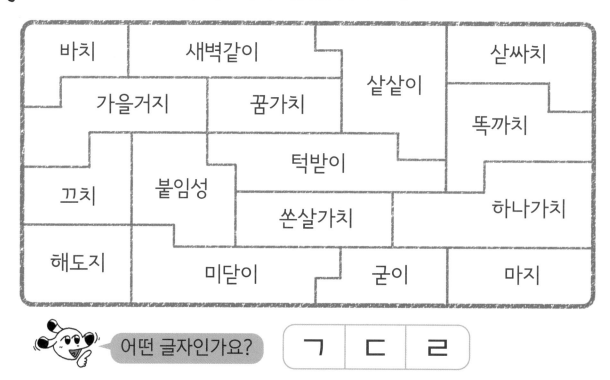

바치	새벽같이		살싸치	
	가을거지	꿈가치	샅샅이	똑까치
끄치	붙임성	턱받이		하나가치
		쏜살가치		
해도지	미닫이	굳이	마지	

어떤 글자인가요? ㄱ ㄷ ㄹ

54

✏️ 알맞은 낱말을 골라서 쓰세요.

골라 쓰세요!

① 주변은 항상 [   ] 해 주어야 한다.   깨끄시 깨끗이

② 할머니가 넘어지셔서 [   ]을 다치셨다.   무릎 무릅

③ 굴러가는 [   ]도 함께 쫓아다녔다.   낙옆 낙엽

④ 다행히 깨와 콩은 [   ].   괜찮았다 괜찬았다

⑤ [   ]가 보이면 저도 주울게요.   쓰래기 쓰레기

✅ 밑줄 친 부분의 띄어쓰기를 바르게 한 것에 V표를 하세요.

⭐
□ 알을 낳을거라고 친구가 말해 주었다.
□ 알을 낳을 거라고 친구가 말해 주었다.

⭐
□ 큰아버지와 사촌 언니도 와 있었다.
□ 큰아버지와 사촌언니도 와 있었다.

⭐
□ 이모가입양한 아기를 보러 갔다.
□ 이모가 입양한 아기를 보러 갔다.

⭐
□ 제 이름은 덜렁이입니다.
□ 제이름은 덜렁이입니다.

⭐
□ 저의장래 희망도 농부예요.
□ 저의 장래 희망도 농부예요.

내용 듣기

잘 듣고 낱말을 정확하게 쓰세요.

(QR코드를 찍어 들려주거나 맨 뒷장을 보고 불러 주세요.)

1 ㅂ

2 ㅋ

3 ㄱ

4 ㅁ

5 ㄴ

6 ㄲ

7 ㅇ

8 ㅁ

9 ㄴ

10 ㅂ

11 ㅅ

12 ㄱ

13 ㅌ

14 ㄸ

15 ㄱ

16 ㅎ

틀린 낱말은 한 번씩 더 써 보세요.

잘 듣고 띄어쓰기에 신경 쓰며 정확하게 쓰세요.

(QR코드를 찍어 들려주거나 맨 뒷장을 보고 불러 주세요.)

1 ㅇ

2

3

4

5

6

7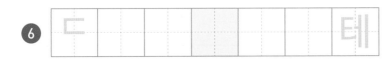

8

9

10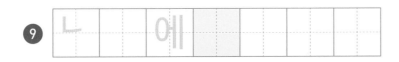

ㄱㄴㄷ

셋째 마당

동시로
배우는 맞춤법

호 박사

드디어 셋째 마당에 왔군요! 여러분, 정말 멋져요.

이제는 여러분이 어른인 제 친구 잭보다 맞춤법을 더 잘 아는 것 같아요.

 너 할라산에 가 봤니? 아름다운연못이 있다던데?

잭이 문자를 보냈는데, 무슨 산을 뜻하는 것인지 잘 모르겠어요.

아이고! 띄어쓰기가 틀린 곳도 있네요.

셋째 마당을 열심히 공부해서 여러분이 잭의 실수 두 가지를 알려 주세요.

실수 1 할라산 → 한라산   실수 2 아름다운연못 → 아름다운 연못

셋째 마당에서 집중 연습하는 받아쓰기

1. 뒷말의 첫소리 때문에 앞말의 받침이 완전히 다르게 소리 날 때가 있어요.

		쓰기		읽기
뒷말의 첫소리가 ㄴ, ㅁ일 때	앞말의 ㄱ 받침(ㄱ, ㄲ, ㅋ, ㄳ, ㄺ)이 [ㅇ]으로 소리 나요.	막내	→	[망내]
	앞말의 ㄷ 받침(ㄷ, ㅅ, ㅆ, ㅈ, ㅊ, ㅌ, ㅎ)이 [ㄴ]으로 소리 나요.	윗물	→	[윈물]
	앞말의 ㅂ 받침(ㅂ, ㅍ, ㄼ, ㄿ, ㅄ)이 [ㅁ]으로 소리 나요.	앞마당	→	[암마당]

2. ㄴ의 소리가 바뀔 때는 소리 나는 대로 쓰지 말고, ㄴ을 살려서 써야 해요.

		쓰기		읽기
ㄴ의 소리가 바뀔 때	뒷말의 첫소리가 ㄹ일 때 앞말의 받침 ㄴ이 [ㄹ]로 소리 나요.	한라산	→	[할:라산]
	앞말의 받침이 ㄹ일 때 뒷말의 첫소리 ㄴ이 [ㄹ]로 소리 나요.	별나라	→	[별:라라]

3. ㄹ의 소리가 바뀔 때는 소리 나는 대로 쓰지 말고, ㄹ을 살려서 써야 해요.

		쓰기		읽기
ㄹ의 소리가 바뀔 때	앞말의 받침 ㄱ, ㅂ 뒤에 연결되는 ㄹ은 [ㄴ]으로 소리 나요.	식량	→	[싱냥]
	앞말의 받침 ㅁ, ㅇ 뒤에 연결되는 ㄹ은 [ㄴ]으로 소리 나요.	초능력	→	[초능녁]

 ## 셋째 마당에서 집중 연습하는 띄어쓰기

꾸며 주는 낱말과 꾸밈을 받는 낱말 사이는 띄어 써야 해요.

불쑥불쑥말하지	(X)	맛난떡	(X)
↓		↓	
불쑥불쑥∨말하지	(O)	맛난∨떡	(O)

※ 각각의 뜻이 있으므로 띄어 써야 한다고 설명할 수도 있어요.(둘째 마당식 설명)

23 막내라고 무시하지 마!

🔊 다음 글을 큰 소리로 두 번씩 읽어 보세요.

읽기 한번 두번

막내라서 버릇없다

막내라서 막무가내[1]

형들은 나를 보고 불쑥불쑥 말하지.

윗물이 맑아야 아랫물이 맑지

맛난 떡 야금야금 뺏어 먹기

시합에서 지면 다짜고짜 억지 쓰기

내가 누구한테 배운 걸까?

1) 막무가내: 자기 마음대로 해서 남이 어떻게 할 수가 없음. 예) 동생은 막무가내로 떼를 썼다.

✏️ 소리 나는 대로 쓰지 않는 말 읽고 쓰기

낱말	읽기	회색 글자만 쓰기	한 번 더 쓰기
막내	[망내]	막내	막내
막무가내	[망무가내]	막무가내	
윗물	[윈물]	윗물	
아랫물	[아랜물]	아랫물	
맛난	[만난]	맛난	

잘 틀리는 낱말 연습하기

1 막내라서 **버릇** [ ] 다   업   없

2 형들은 나를 보고 **불** [ ] **불** [ ] 말하지.   쑥   숙

3 윗물이 [ ] **아야** 아랫물이 [ ] **지**   말   맑

4 맛난 떡 야금야금 [ ] **어 먹기**   뺐   뺏

5 **시** [ ] **에서** 지면 다짜고짜 억지 쓰기   합   압

6 내가 **누구한** [ ] 배운 걸까?   테   태

헷갈리는 띄어쓰기 연습하기

'불쑥불쑥'은 '말하지'를, '야금야금'은 '뺏어 먹기'를,
'다짜고짜'는 '억지 쓰기'를 꾸며 줘요.

☆ 불쑥불쑥말하지. → | 불 | | | | | | | | | | . |

☆ 야금야금뺏어 먹기 → | 야 | | | | | | | | 먹기

☆ 다짜고짜억지 쓰기 → | 다 | | | | | | | | 쓰기

24 못난이 복동이

🔊 다음 글을 큰 소리로 두 번씩 읽어 보세요.

읽기 한 번 두 번

우리 집 강아지 복동이

앞마당에서 놀 때는

용감한 척하더니

커다란 이웃집 개

입마개 없이 들어오니

후다닥 흙먼지 날리며 숨네.

아이고, 못난이

완전히 탄로¹⁾ 났네.

1) 탄로: 숨긴 생각이나 마음이 드러나고 들통남. 예) 나는 거짓말이 탄로 나지 않게 억지로 웃었다.

 소리 나는 대로 쓰지 않는 말 읽고 쓰기

낱말	읽기	회색 글자만 쓰기	한 번 더 쓰기
앞마당	[암마당]	앞마당	
입마개	[임마개]	입마개	
흙먼지	[흥먼지]	흙먼지	
못난이	[몬:나니]	못난이	
탄로	[탈:로]	탄로	

🔍 잘 틀리는 낱말 연습하기

골라 쓰세요!

① 앞마당에서 놀 [ ]는 　　　　　떼 　때

② 용감 [ ] 척하더니 　　　　　한 　안

③ 커다란 이 [ ]집 개 　　　　　운 　웃

④ 입마개 [ ] 이 들어오니 　　　　없 　업

⑤ 후다 [ ] 흙먼지 날리며 숨네. 　　닭 　닥

⑥ 완전 [ ] 탄로 났네 　　　　　　이 　히

✅ 헷갈리는 띄어쓰기 연습하기

'용감한'은 '척하더니'를, '완전히'는 '탄로 났네'를 꾸며 줘요. '커다란'과 '이웃집'은 둘 다 '개'를 꾸며 줘요.

☆ 용감한척하더니 → 용 [　][　][　][　][　][　][　][　][　]

☆ 커다란이웃집 개 → 커 [　][　][　][　][　][　] 개

☆ 완전히탄로 났네. → 완 [　][　][　][　] 났네.

25 얘들아, 알고 있니?

🔊 다음 글을 큰 소리로 두 번씩 읽어 보세요.

읽기 한 번 두 번

식물은 햇빛을 듬뿍 받아
영양분을 만드는 걸[1]?
산소와 녹말[2]을 만드는 걸?
우리가 먹는 식량이 되는 걸?

잎 뒤 가느다란 잎맥이
영양분이 지나는 길인 걸?
줄기로 가면 고소한 감자 되고
뿌리로 가면 고구마 된다는 걸?

1) 걸: '것을'의 줄임말
2) 녹말: 식물의 잎에서 만들어진 탄수화물 예) 감자와 고구마를 갈면 녹말이 바닥에 가라앉는다.

✏️ 소리 나는 대로 쓰지 않는 말 읽고 쓰기

낱말	읽기	회색 글자만 쓰기	한 번 더 쓰기
있니	[인니]	있니	
식물	[싱물]	식물	
녹말	[농말]	녹말	
식량	[싱냥]	식량	
잎맥	[임맥]	잎맥	

🔍 잘 틀리는 낱말 연습하기

① 식물은 햇 ☐ 을 듬뿍 받아 　　　　　　빛 　빗

② 산소와 녹말을 ☐ 드는 걸? 　　　　　　많 　만

③ 우리가 ☐ 는 식량이 되는 걸? 　　　　먹 　멍

④ ☐ 뒤 가느다란 잎맥이 　　　　　　　잎 　입

⑤ 줄기로 가면 고소한 감자 ☐ 고 　　　　돼 　되

⑥ 뿌리로 가면 고구마 ☐ 다는 걸? 　　　　된 　댄

✅ 헷갈리는 띄어쓰기 연습하기

'듬뿍'은 '받아'를, '가느다란'은 '잎맥이'를,
'고소한'은 '감자'를 꾸며 줘요.

☆ 햇빛을 듬뿍받아 ➡ 햇빛을 [듬]☐☐☐☐

☆ 가느다란잎맥이 ➡ [가]☐☐☐☐☐☐☐

☆ 고소한감자 ➡ [고]☐☐☐☐☐

26 백록담

🔊 다음 글을 큰 소리로 두 번씩 <u>읽어 보세요.</u>

읽기 | 한 번 | 두 번

제주도 한라산 꼭대기에
아름다운 연못이 있다.

하늘나라 산신령의
신비로운 쉼터이다.

별나라 해와 달의
신나는 놀이터이다.

구름과 바람이 담긴
빛나는 그릇이다.

 소리 나는 대로 쓰지 않는 말 읽고 쓰기

낱말	읽기	회색 글자만 쓰기	한 번 더 쓰기
한라산	[할:라산]	한라산	
하늘나라	[하늘라라]	하늘나라	
산신령	[산실령]	산신령	
별나라	[별:라라]	별나라	
빛나는	[빈나는]	빛나는	

잘 틀리는 낱말 연습하기

골라 쓰세요!

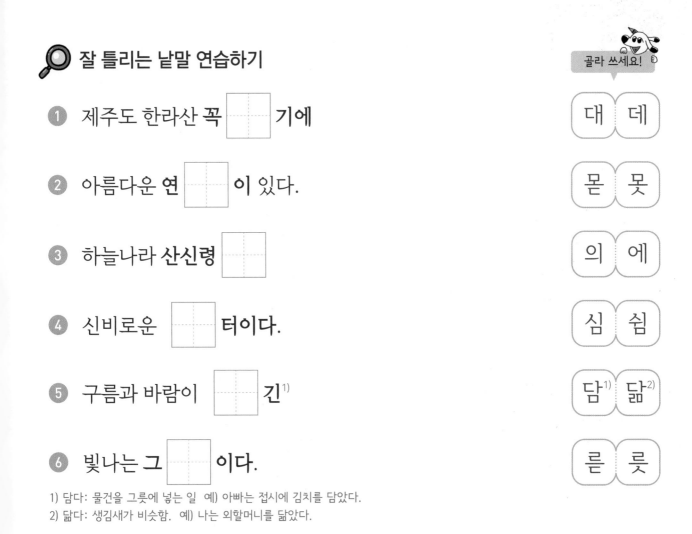

① 제주도 한라산 꼭 [ ] 기에   대 데

② 아름다운 연 [ ] 이 있다.   몰 못

③ 하늘나라 산신령 [ ]   의 에

④ 신비로운 [ ] 터이다.   심 쉼

⑤ 구름과 바람이 [ ] 긴[1)   담[1) 닮[2)

⑥ 빛나는 그 [ ] 이다.   른 릇

1) 담다: 물건을 그릇에 넣는 일 예) 아빠는 접시에 김치를 담았다.
2) 닮다: 생김새가 비슷함. 예) 나는 외할머니를 닮았다.

✔ 헷갈리는 띄어쓰기 연습하기

'아름다운'은 '연못이'를, '신비로운'은 '쉼터이다'를, '빛나는'은 '그릇이다'를 꾸며 줘요.

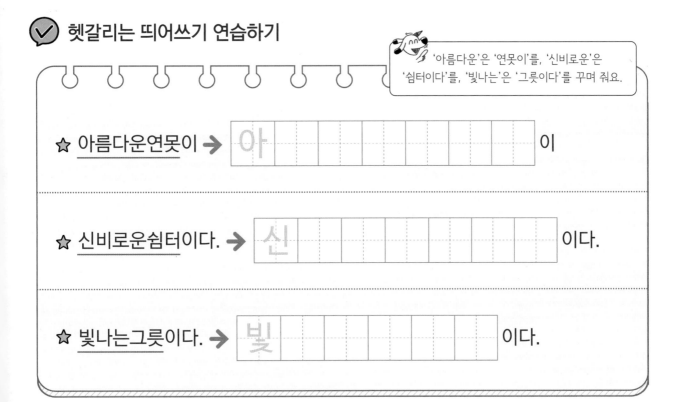

☆ <u>아름다운연못이</u> → 아 [ ][ ][ ][ ][ ][ ][ ] 이

☆ <u>신비로운쉼터이다.</u> → 신 [ ][ ][ ][ ][ ][ ] 이다.

☆ <u>빛나는그릇이다.</u> → 빛 [ ][ ][ ][ ][ ][ ] 이다.

27 설날 풍경

 다음 글을 큰 소리로 두 번씩 읽어 보세요.

읽기 | 한 번 | 두 번

난로에 가래떡 굽는 오빠
쩝쩝 입맛 다신다.

한복에 반한 언니
빙그레 미소 짓는다.

윷놀이에서 진 동생
펑펑 눈물 쏟는다.

방패연을 띄우는 나
이리저리 바람 찾는다.

소리 나는 대로 쓰지 않는 말 읽고 쓰기

낱말	읽기	회색 글자만 쓰기	한 번 더 쓰기
설날	[설ː랄]	설날	
난로	[날ː로]	난로	
입맛	[임맏]	입맛	
쏟는다	[쏜는다]	쏟는다	
짓는다	[진ː는다]	짓는다	

🔍 잘 틀리는 낱말 연습하기

1 난로에 가래떡 ☐ 는 오빠 　　　　　굽 · 굶

2 ☐ 놀이에서 진 동생 　　　　　　윷 · 윷

3 한복에 **반** ☐ 언니 　　　　　　안 · 한

4 **빙그** ☐ 미소 짓는다. 　　　　　레 · 래

5 방패연을 ☐ **우는**[1] 나 　　　　띄 · 띠

6 이리저리 바람 ☐ 는다. 　　　　찬 · 찾

[1] 띄우다: '물 위나 공중에 있게 하다'는 뜻으로 '뜨다'에서 나온 말
※ '띠다'는 '띠나 끈 따위를 두르다'는 뜻으로 '띠어', '띠니' 등으로 써요.

✅ 헷갈리는 띄어쓰기 연습하기

> '펑펑'은 '눈물 쏟는다'를, '빙그레'는 '미소 짓는다'를, '이리저리'는 '바람 찾는다'를 꾸며 줘요.

☆ <u>펑펑눈물</u> 쏟는다. → 펑 ☐☐☐☐☐ 쏟는다.

☆ <u>빙그레미소</u> 짓는다. → 빙 ☐☐☐☐☐☐☐ 짓는다.

☆ <u>이리저리바람</u> 찾는다. → 이 ☐☐☐☐☐☐☐ 찾는다.

🔊 다음 글을 큰 소리로 두 번씩 읽어 보세요.

읽기 한 번 두 번

옛날에 아빠는 말이야

윷놀이 백 판

끝말잇기 천 개

윗몸일으키기 만 개

이 정도는 거뜬히 했지.

아빠 어릴 적 모습이 맞나요?

까르르 웃으시는 할머니

배시시¹⁾ 웃으시는 할아버지

1) 배시시: 입을 조금 벌리고 소리 없이 가볍게 웃는 모양

 소리 나는 대로 쓰지 않는 말 읽고 쓰기

낱말	읽기	회색 글자만 쓰기	한 번 더 쓰기
초능력	[초능녁]	초능력	
윷놀이	[윤ː노리]	윷놀이	
끝말	[끈말]	끝말	
윗몸	[윈몸]	윗몸	
맞나요	[만나요]	맞나요	

🔍 잘 틀리는 낱말 연습하기

골라 쓰세요!

① 윷놀이 ☐ 판   백 / 벡

② **끝말** ☐ **기** 천 개   읻 / 잇

③ 이 정도는 **거뜬** ☐ 했지.   이 / 히

④ 아빠 어릴 ☐ 모습이 맞나요?   쩍 / 적

⑤ 까르르 ☐ 으시는 할머니   웃 / 운

⑥ ☐ 시시 웃으시는 할아버지   베 / 배

✓ 헷갈리는 띄어쓰기 연습하기

'거뜬히'는 '했지'를, '까르르'와 '배시시'는 '웃으시는'을 꾸며 줘요.

☆ <u>거뜬히했지.</u> ➜ | 거 | | | | | | | | | .

☆ <u>까르르웃으시는</u> ➜ | 까 | | | | | | | | | | |

☆ <u>배시시웃으시는</u> ➜ | 배 | | | | | | | | | |

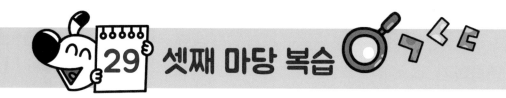
바르게 쓴 8칸을 찾아 색칠하여 자음을 찾아보세요.

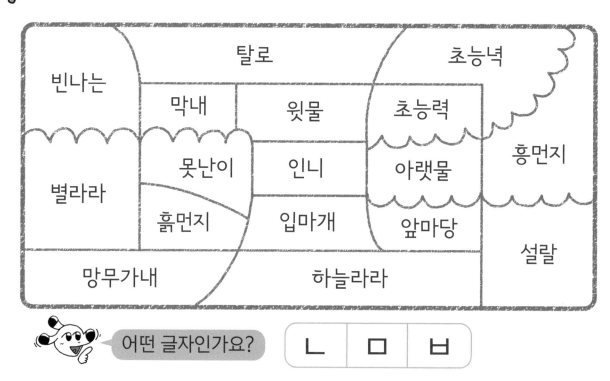

탈로　초능녁
빈나는
막내　윗물　초능력
흥먼지
못난이　인니　아랫물
별라라
흙먼지　입마개　앞마당
설랄
망무가내　하늘라라

어떤 글자인가요?　ㄴ　ㅁ　ㅂ

바르게 쓴 8칸을 찾아 색칠하여 자음을 찾아보세요.

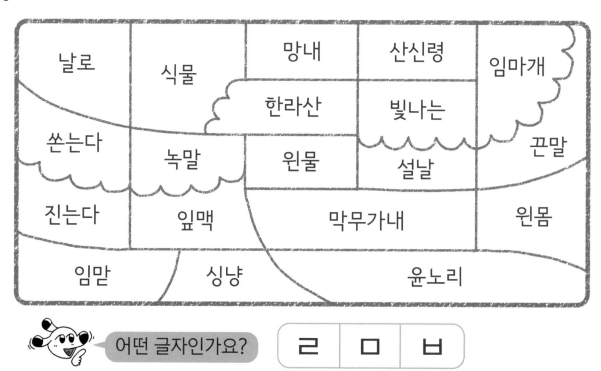

날로　식물　망내　산신령　임마개
한라산　빛나는
쏜는다　녹말　윈물　설날　끈말
진는다　잎맥　막무가내　윈몸
임맡　싱냥　윤노리

어떤 글자인가요?　ㄹ　ㅁ　ㅂ

✏️ 알맞은 낱말을 골라서 쓰세요.

골라 쓰세요!

① 맛난 떡 야금야금 [　　　　] 먹기   뺏어 　 뺐어

② 커다란 [　　　　] 개   이웃집 　 이웉찝

③ 막내라서 [　　　　] 없다   버릍 　 버릇

④ 제주도 한라산 [　　　　]   꼭대기 　 꼭데기

⑤ 방패연 [　　　　] 나   띠우는 　 띄우는

✅ 밑줄 친 부분의 띄어쓰기를 바르게 한 것에 V표를 하세요.

⭐
☐ 시합에서 지면 다짜고짜억지 쓰기
☐ 시합에서 지면 다짜고짜 억지 쓰기

⭐
☐ 잎 뒤 가느다란 잎맥이
☐ 잎 뒤 가느다란잎맥이

⭐
☐ 하늘나라 산신령의 신비로운쉼터이다.
☐ 하늘나라 산신령의 신비로운 쉼터이다.

⭐
☐ 한복에 반한 언니 빙그레미소 짓는다.
☐ 한복에 반한 언니 빙그레 미소 짓는다.

⭐
☐ 까르르 웃으시는 할머니
☐ 까르르웃으시는 할머니

내용 듣기

🎧 **잘 듣고 낱말을 정확하게 쓰세요.**

(QR코드를 찍어 들려주거나 맨 뒷장을 보고 불러 주세요.)

1. ㅁ

2. ㅇ

3. ㅇ

4. ㅇ

5. ㅊ

6. ㅅ

7. ㄴ

8. ㅅ

9. ㅎ

10. ㅎ

11. ㅅ

12. ㅂ

13. ㅅ

14. ㄴ

15. ㅇ

16. ㅇ

✏️ **틀린 낱말은 한 번씩 더 써 보세요.**

🎧 잘 듣고 띄어쓰기에 신경 쓰며 정확하게 쓰세요.

(QR코드를 찍어 들려주거나 맨 뒷장을 보고 불러 주세요.)

❶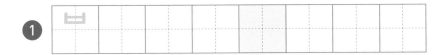

❷

❸  하더니

❹  개

❺

❻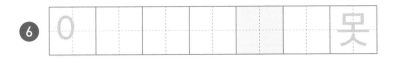

❼

❽

❾

❿

넷째 마당

이야기와 독서 감상문으로
배우는 맞춤법

어린이 여러분! 제 친구 잭이 곧 자기 나라로 돌아간대요.

잭이 많이 보고 싶을 거예요. 오늘은 저에게 이런 쪽지를 줬어요.

> 우리 딸에게 한국 옌날 이야기를 알려 주고 싶어.
> 책 몇권 소개해 줄래?

밑줄 친 부분의 실수를 바로 알아낼 수 있도록 넷째 마당 공부를
시작해 보세요.

넷째 마당에서 집중 연습하는 받아쓰기

한글에서 받침소리는 [ㄱ], [ㄴ], [ㄷ], [ㄹ], [ㅁ], [ㅂ], [ㅇ] 이렇게 일곱 가지가 있어요.

그런데 같은 소리가 나는 받침이 여러 가지여서 헷갈릴 수 있으니 주의해야 해요.

ㄱ	ㄲ	ㅋ	ㄺ			
부탁	꺾다	새벽녘	수탉			→ 받침이 [ㄱ]으로 소리 나요.
ㄴ	ㄵ	ㄶ	ㅈ			
거인	주저앉다	점잖다	짖는			→ 받침이 [ㄴ]으로 소리 나요.
ㄷ	ㅅ	ㅆ	ㅈ	ㅊ	ㅌ	
닫다	헛간	갔다	꽂다	숯	솥뚜껑	→ 받침이 [ㄷ]으로 소리 나요.
ㄹ	ㄼ	ㄾ	ㅀ			
물방울	얇다	핥다	옳다			→ 받침이 [ㄹ]로 소리 나요.
ㅁ	ㄻ					
마음	굶주림					→ 받침이 [ㅁ]으로 소리 나요.
ㅂ	ㅄ	ㅍ				
입다	없다	덮다				→ 받침이 [ㅂ]으로 소리 나요.
ㅇ	ㄱ	ㅋ	ㄺ			
흥미	귓속말	부엌문	긁는			→ 받침이 [ㅇ]으로 소리 나요.

받침이 내는 소리는 딱 7가지뿐!

또한, ㅎ 받침은 소리가 나지 않을 때가 많아요. 그래도 받침을 빼먹지 않도록 주의해야 해요.

예) 하얗다 [하야타], 쌓다 [싸타]

 ## 넷째 마당에서 집중 연습하는 띄어쓰기

단위를 나타내는 말이나 앞말과 함께 있어야 뜻이 정해지는 말(의존 명사)은 앞말과 띄어 써야 해요.

1. 단위를 나타내는 말: 자루, 개, 마리, 권, 원, 가지, 송이
2. 앞말과 함께 있어야 뜻이 정해지는 말: 나위, 분, 뻔, 것, 지, 만, 리, 채, 쪽, 게, 건

도끼 한자루　　(X)
↓
도끼 한∨자루　　(O)

비가 올리 없다.　　(X)
↓
비가 올∨리 없다.　　(O)

빨간 부채 파란 부채(전래 동화)

🔊 다음 글을 큰 소리로 두 번씩 읽어 보세요.

읽기 | 한번 | 두번

할아버지는 동녘이 밝아 오면 일어났어요.

수탉 울음소리에 도끼 한 자루 들고 산으로 갔지요.

나뭇가지를 꺾고 자르며 한참을 일했어요.

땀을 닦던 할아버지 눈에 무언가 보였어요.

빨간색과 파란색, 두 개의 부채였지요.

땀을 식히기에 더할 나위 없이[1] 좋아 보였어요.

"이런 산속에 누가 부채를 흘렸지?"

할아버지는 머리를 긁적이며 부채를 주워 들었어요.

1) 더할 나위 없이: 매우 예) 내 동생은 더할 나위 없이 착하다.

✏️ 받침이 [ㄱ]으로 소리 나는 말 읽고 쓰기

낱말	읽기	회색 글자만 쓰기	한 번 더 쓰기
동녘	[동녁]	동녘	동녘
수탉	[수탁]	수탉	
꺾고	[꺽꼬]	꺾고	
닦던	[닥떤]	닦던	
긁적이며	[극쩌기며]	긁적이며	

🔍 잘 틀리는 낱말 연습하기

① 할아버지는 동녘이 ☐ **아** 오면 일어났어요. 밝 / 발

② 나 ☐ **가지를** 꺾고 자르며 한참을 일했어요. 뭇 / 묻

③ 땀을 닦던 할아버지 눈에 무언가 **보**☐**어요.** 엿 / 였

④ 빨간색과 파란색, 두 개의 **부**☐**였지요.** 채 / 체

⑤ 땀을 식히기에 더할 나위 ☐ **이** 좋아 보였어요. 업 / 없

⑥ 할아버지는 머리를 긁적이며 부채를 **주**☐ 들었어요. 어 / 워

✅ 헷갈리는 띄어쓰기 연습하기

'자루', '개', '나위'는 앞말과 띄어 써야 해요.

☆ 도끼 한자루 ➡ 도끼 | 한 | | | |

☆ 두개의 부채 ➡ | 두 | | | | 부채

☆ 더할나위 없이 ➡ | 더 | | | | | 없이

79

32 이야기 설문대 할망(설화)

 다음 글을 큰 소리로 두 번씩 읽어 보세요.

읽기 한 번 | 두 번

아주 옛날 제주도에 거인 할머니 한 분이 살았어요.

너무 커서 맞는 옷도 별로 없었어요.

처음 본 사람은 놀라서 주저앉을 뻔했지요.

사람들은 할머니를 설문대 할망¹⁾이라고 불렀지요.

그러나 할머니는 점잖고 순한 성격이었어요.

그렇기 때문에 할망을 보고 짖는 개도 없었어요.

어느 날 할망은 흙을 치마에 가득 담아 왔어요.

그리고 섬 한가운데에 수북이 쌓았지요.

1) 할망: 할머니를 뜻하는 제주도 사투리

받침이 [ㄴ]으로 소리 나는 말 읽고 쓰기

낱말	읽기	회색 글자만 쓰기	한 번 더 쓰기
옛날	[옌ː날]	옛날	
맞는	[만는]	맞는	
주저앉을	[주저안즐]	주저앉을	
점잖고	[점ː잔코]	점잖고	
짖는	[진는]	짖는	

80

🔍 잘 틀리는 낱말 연습하기

골라 쓰세요!

❶ ☐☐ **주도**에 거인 할머니 한 분이 살았어요.　　제　재

❷ 처음 본 사람은 놀라서 주저앉을 ☐☐ **했지요**.　　번　뻔

❸ 그러나 할머니는 점잖고 순한 **성격이** ☐☐ **어요**.　　었　엇

❹ 할망을 보고 짖는 개도 ☐☐ **었어요**.　　없　업

❺ 어느 날 할망은 흙을 치마에 가득 담아 ☐☐ **어요**.　　왓　왔

❻ 그리고 섬 한가운데에 수북이 ☐☐ **았지요**.　　쌓　샇

✅ 헷갈리는 띄어쓰기 연습하기

'분', '뻔', '때문'은 앞말과 띄어 써야 해요.

☆ 할머니 <u>한분이</u> ➡ 할머니 ☐한☐☐☐☐

☆ <u>주저앉을뻔</u>했지요. ➡ ☐주☐☐☐☐☐☐ 했지요.

☆ <u>그렇기때문에</u> ➡ ☐그☐☐☐☐☐☐☐

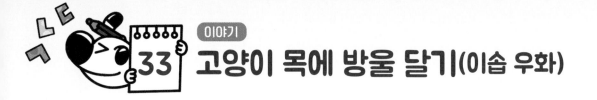
🔊 다음 글을 큰 소리로 두 번씩 읽어 보세요.

읽기 | 한 번 | 두 번

어느 날 집주인은 고양이 한 마리를 데려왔어요.

헛간을 마음껏 드나들던 쥐들은 겁이 났죠.

쥐덫보다 고양이가 더 무서웠거든요.

고양이가 온 지 일주일 만에 세 마리가 잡아먹혔어요.

쥐들은 부엌문을 꼭 닫고 비상 회의를 했어요.

솥뚜껑 위에 올라간 대장 쥐가 말했어요.

"더 이상 이렇게 살 수는 없소. 대책을 세웁시다."

다른 쥐들은 "옳소!"라고 외치며 맞장구[1]를 쳤어요.

1) 맞장구: 남의 말에 찬성한다고 반응해 주는 일 예) 동생은 내 말이 맞다고 맞장구를 쳤다.

 받침이 [ㄷ]으로 소리 나는 말 읽고 쓰기

낱말	읽기	회색 글자만 쓰기	한 번 더 쓰기
헛간	[헏깐]	헛간	
났죠	[낟쬬]	났죠	
쥐덫	[쥐덛]	쥐덫	
솥뚜껑	[솓뚜껑]	솥뚜껑	
맞장구	[맏짱구]	맞장구	

🔍 잘 틀리는 낱말 연습하기

1 어느 날 집주인은 고양이 한 마리를 [ ] **려왔어요.**　　데　대

2 헛간을 **마음** [ ] 드나들던 쥐들은 겁이 났죠.　　껏　껐

3 일주일 만에 [ ] 마리가 잡아먹혔어요.　　새　세

4 쥐들은 부엌문을 꼭 닫고 비상 **회** [ ] **를 했어요.**　　의　이

5 "대책을 [ ] **읍시다.**"　　세　새

6 다른 쥐들은 " [ ] **소!**"라고 외치며　　올　옳

✅ 헷갈리는 띄어쓰기 연습하기

'마리', '지', '만'은 앞말과 띄어 써야 해요.

☆ 고양이 한마리를 ➡ 고양이 | 한 | | | 를

☆ 고양이가 온지 ➡ 고양이가 | 온 | | |　1)

☆ 일주일만에 ➡ | 일 | | | | | |

1) '어떤 일이 있었던 때부터 지금까지의 동안'을 뜻하는 '지'는 앞말과 띄어 써요.
　그러나 "아기가 얼마나 예쁜지 몰라."와 같이 '막연한 의문'을 나타내는 '지'는 붙여 써요.

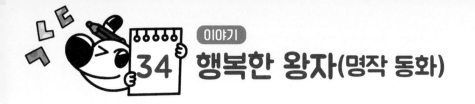
🔊) 다음 글을 큰 소리로 두 번씩 읽어 보세요.   읽기 한 번 | 두 번

제비는 갑자기 떨어진 굵은 물방울에 잠을 깼어요.

'맑은 하늘에서 비가 올 리 없는데?'

위를 올려다본 제비는 깜짝 놀랐어요.

행복한 왕자 동상이 울고 있었기 때문이지요.

"왕자님! 왕자님! 무슨 일이세요?"

"낡고 얇은 옷만 입은 채 서 있는 아이가 불쌍해."

제비는 왕자님이 바라보는 쪽으로 눈을 돌렸어요.

강아지가 아이의 시린 맨발을 핥고 있었어요.

✏️ 받침이 [ㄹ]로 소리 나는 말 읽고 쓰기

낱말	읽기	회색 글자만 쓰기	한 번 더 쓰기
굵은	[굴ː근]	굵은	
맑은	[말근]	맑은	
낡고	[날꼬]	낡고	
얇은	[얄븐]	얇은	
핥고	[할꼬]	핥고	

🔍 잘 틀리는 낱말 연습하기

골라 쓰세요!

1 제비는 갑자기 떨어진 굵은 물방울에 잠을 ☐☐ **어요**.　깼｜깻

2 '맑은 하늘에서 비가 올 리 ☐☐ **는데?**'　엄｜없

3 위를 올려다본 ☐☐ **비는** 깜짝 놀랐어요.　제｜재

4 "왕자님! 왕자님! 무슨 **일이** ☐☐ **요?**"　새｜세

5 "낡고 얇은 옷만 입은 ☐☐ 서 있는 아이가 불쌍해."　채[1]｜체[2]

6 강아지가 **아이** ☐☐ 시린 맨발을 핥고 있었어요.　에｜의

[1] 채: 이미 있는 상태 그대로 있다는 뜻 예) 옷을 입은 채로 물에 들어간다.
[2] 체: 그럴듯하게 꾸미는 거짓 태도나 모양 예) 나는 동생의 거짓말을 모르는 체했다.

✅ 헷갈리는 띄어쓰기 연습하기

'리', '채', '쪽'은 앞말과 띄어 써야 해요.

★ 비가 올리 없는데? ➜ 비가 [올] [ ] [ ] 없는데?

★ 옷만 입은채 ➜ 옷만 [입] [ ] [ ] [ ]

★ 바라보는쪽으로 ➜ [바] [ ] [ ] [ ] [ ] 으로

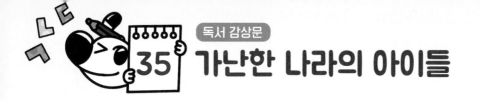

35 가난한 나라의 아이들

독서 감상문

🔊 다음 글을 큰 소리로 두 번씩 읽어 보세요.

읽기 한 번 두 번

굶주림에 지친 아이들을 다룬 책 한 권을 읽었다.

가난한 나라 아이들은 먹을 것이 부족하다고 한다.

먹을 물도 없어서 더러운 물을 그냥 마신다.

병을 옮기는데도 어쩔 수 없다고 한다.

오염된 물 때문에 피부가 곪는다고 한다.

나는 그동안 밥맛이 없다고 투정 부린 게 부끄러웠다.

그래서 세뱃돈으로 받은 만 원을 기부하기로 했다.

그 아이들의 앞날에 도움이 되면 좋겠다.

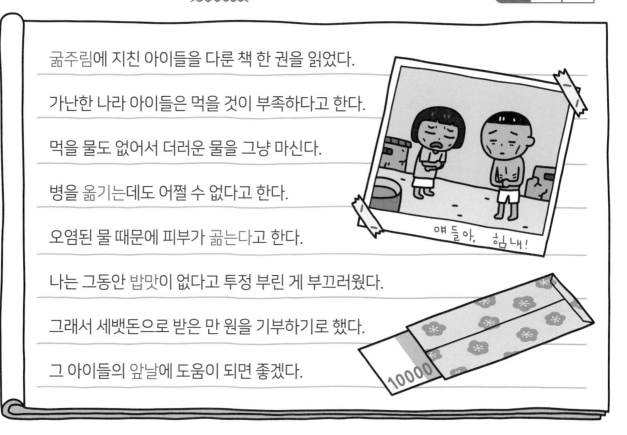

얘들아, 힘내!

10000

✏️ 받침이 [ㅁ]으로 소리 나는 말 읽고 쓰기

낱말	읽기	회색 글자만 쓰기	한 번 더 쓰기
굶주림	[굼ː주림]	굶주림	
옮기는	[옴기는]	옮기는	
곪는다	[곰ː는다]	곪는다	
밥맛	[밤맏]	밥맛	
앞날	[암날]	앞날	

🔍 잘 틀리는 낱말 연습하기

① 굶주림에 지친 아이들을 다룬 책 한 권을 [　] **었다.**　　읽　잃

② 먹을 물도 없어서 [　] **러운**[1] 물을 그냥 마신다.　　드　더

③ 병을 옮기는데도 어쩔 수 [　] **다고** 한다.　　없　업

④ 나는 그동안 밥맛이 없다고 투정 부린 게 **부끄러** [　] **다.**　　웠　웠

⑤ 세 [　] **돈으로** 받은 만 원을 기부하기로 했다.　　벳　뱃

⑥ 그 아이들의 앞날에 도움이 되면 [　] **겠다.**　　좋　조

1) 더럽다: '드럽다'로 쓰기 쉽지만 이는 사투리로, '더럽다'가 표준어예요.

💬 헷갈리는 띄어쓰기 연습하기

'권', '것', '원'은 앞말과 띄어 써야 해요.

☆ 책한권 ➜ 책 [　][　][　][　]

☆ 먹을것이 ➜ 먹 [　][　][　][　]

☆ 만원을 기부하기로 했다. ➜ 만 [　][　][　] 기부하기로 했다.

🔊 다음 글을 큰 소리로 두 번씩 읽어 보세요.

읽기 한번 두번

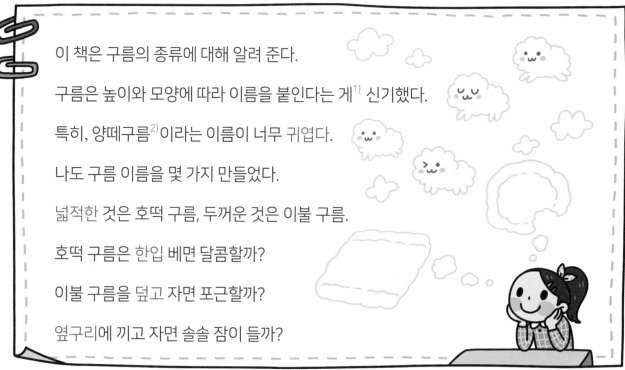

이 책은 구름의 종류에 대해 알려 준다.

구름은 높이와 모양에 따라 이름을 붙인다는 게[1] 신기했다.

특히, 양떼구름[2]이라는 이름이 너무 귀엽다.

나도 구름 이름을 몇 가지 만들었다.

넓적한 것은 호떡 구름, 두꺼운 것은 이불 구름.

호떡 구름은 한입 베면 달콤할까?

이불 구름을 덮고 자면 포근할까?

옆구리에 끼고 자면 솔솔 잠이 들까?

1) 게 : 것이
2) '양떼구름'은 하나의 단어로 모두 붙여 쓰지만, '떼'를 '무리'의 의미로 쓸 때는 띄어 써요. 예) 우리는 몰려다니는 양 떼를 보았다.

✏️ 받침이 [ㅂ]으로 소리 나는 말 읽고 쓰기

낱말	읽기	회색 글자만 쓰기	한 번 더 쓰기
귀엽다	[귀ː엽따]	귀엽다	
넓적한	[넙쩌칸]	넓적한	
한입	[한닙]	한입	
덮고	[덥꼬]	덮고	
옆구리	[엽꾸리]	옆구리	

잘 틀리는 낱말 연습하기

① 이 책은 **구름**[ ] 종류에 대해 알려 준다. | 에 | 의 |

② [ ]이와 모양에 따라 이름을 붙인다는 게 신기했다. | 높 | 놉 |

③ 특히, **양**[ ] **구름이라는** 이름이 너무 귀엽다. | 때 | 떼 |

④ 나도 구름 이름을 [ ] 가지 만들었다. | 몇 | 멷 |

⑤ 호떡 구름은 한입 [ ] **면** 달콤할까? | 배 | 베 |

⑥ 이불 **구**[ ]**을** 덮고 자면 포근할까? | 름 | 룸 |

헷갈리는 띄어쓰기 연습하기

'게', '가지', '것'은 앞말과는 띄어 써야 해요.

☆ 이름을 <u>붙인다는게</u> ➜ 이름을 [붙| | | | | | |]

☆ 구름 이름을 <u>몇가지</u> ➜ 구름 이름을 [몇| | | |]

☆ <u>넓적한것은</u> 호떡 구름 ➜ [넓| | | | | |] 호떡 구름

🔊 다음 글을 큰 소리로 두 번씩 읽어 보세요.

읽기 한 번 두 번

이 책은 흥미로운 걸 많이 알려 준다.

귓속말을 못 알아들으면 청력이 나쁜 거라고 한다.

듣는 둥 마는 둥 하는 동생한테 귓속말을 해봐야겠다.

또, 수분이 부족하면 목마름을 느낀다는 것도 알았다.

이럴 때는 물을 충분히 마셔야 한다.

오징어 먹물의 맛이 좋다는 것도 처음 알았다.

일본에서는 오징어 먹물 아이스크림도 판다고 한다.

이 책을 읽은 지 하루밖에 안 되었는데 또 읽고 싶다.

 받침이 [ㅇ]으로 소리 나는 말 읽고 쓰기

낱말	읽기	회색 글자만 쓰기	한 번 더 쓰기
신통방통	[신통방통]	신통방통	
귓속말	[귀쏭말/귇쏭말]	귓속말	
청력	[청녁]	청력	
목마름	[몽마름]	목마름	
먹물	[멍물]	먹물	

🔍 잘 틀리는 낱말 연습하기

골라 쓰세요!

1. 귓속말을 [   ] 알아들으면 청력이 나쁜 거라고 한다. 못 몯

2. 동생한테 귓속말을 해 [   ] **야겠다.** 바 봐

3. 수분이 부족하면 목마름을 느낀다는 것도 **알** [   ] **다.** 앗 았

4. 이럴 때는 물을 **충분** [   ] 마셔야 한다. 히 이

5. 오징어 먹물의 [   ] **이 좋다는 것도 처음 알았다.** 맡 맛

6. 읽은 지 **하루** [   ] **에 안 되었는데 또 읽고 싶다.** 밖 박

✅ 헷갈리는 띄어쓰기 연습하기

> '걸', '둥', '지'는 앞말과는 띄어 써야 해요.

☆ <u>흥미로운걸</u> ➡ | 흥 | | | | | | |

☆ <u>듣는둥</u> <u>마는둥</u> ➡ | 듣 | | | | | | | | |

☆ <u>읽은지</u> <u>하루밖에</u> ➡ | 읽 | | | | | 하루밖에

※ '지'가 어떤 일이 있었던 때로부터 지금까지의 동안을 나타낼 때는 띄어 써요.

독서 감상문

38 아름다운 국화

🔊 다음 글을 큰 소리로 두 번씩 읽어 보세요.

읽기 | 한 번 | 두 번

이 책에는 국화꽃 사진들과 꽃말[1]이 담겨 있다.

꽃이 조그맣고 줄기에 여러 송이 피는 건[2] 소국이다.

꽃이 빨갛게 피는 것도 있고, 노랗게 피는 것도 있다.

소국의 꽃말은 '밝은 마음'이라고 한다.

꽃이 커다랗고 줄기에 한 송이씩 피는 건 대국이다.

하얗게 피는 대국의 꽃말은 '성실함'이다.

친구가 놓고 간 국화꽃 화분이 더 정답게 느껴진다.

1) 꽃말: 꽃에 담긴 뜻을 표현하는 말 예) 장미의 꽃말은 사랑이다.
2) 건: 것은 예) 길고 짧은 건 대봐야 안다.

✏️ 받침이 [ㅎ]으로 소리 나지 않는 말 읽고 쓰기

낱말	읽기	회색 글자만 쓰기	한 번 더 쓰기
빨갛게	[빨ː가케]	빨갛게	
노랗게	[노ː라케]	노랗게	
커다랗고	[커ː다라코]	커다랗고	
하얗게	[하ː야케]	하얗게	
놓고	[노코]	놓고	

※ ㅎ은 받침으로 써도 받침이 아닌 뒷말로 넘어가서 소리 날 때가 있어요. 이런 낱말을 쓸 때는 받침에 ㅎ을 빼먹지 않도록 주의하세요.

잘 틀리는 낱말 연습하기

골라 쓰세요!

① 이 책에는 국 ☐ 꽃 사진들과 꽃말이 담겨 있다.　　콰　화

② 조그맣고 줄기 ☐ 여러 송이 피는 건 소국이다.　　에　애

③ 소국의 꽃말은 '☐ 은 마음'이라고 한다.　　밝　발

④ 커다랗고 줄기에 한 송이 ☐ 피는 건 대국이다.　　식　씩

⑤ 대국의 ☐ 말은 '성실함'이다.　　꼰　꽃

⑥ 친구가 놓고 간 국화꽃 화분이 더 정 ☐ 게 느껴진다.　　답　닶

헷갈리는 띄어쓰기 연습하기

'건', '것', '송이'는 앞말과 띄어 써야 해요.

☆ 여러 송이 피는건 ➡ 여러 송이 ☐피☐☐☐

☆ 빨갛게 피는것도 ➡ 빨갛게 ☐피☐☐☐ 도

☆ 줄기에 한송이씩 ➡ 줄기에 ☐한☐☐☐ 씩

바르게 쓴 8칸을 찾아 색칠하여 자음을 찾아보세요.

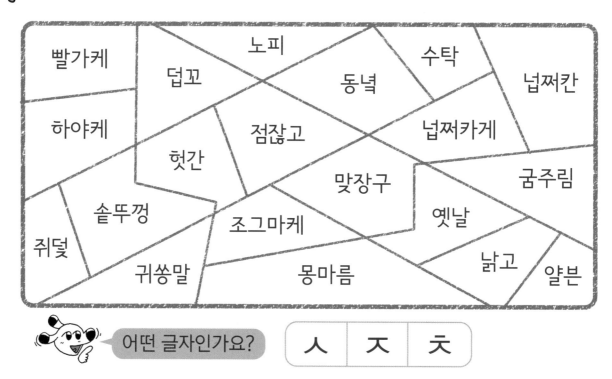

빨가케	노피	수탁	
덥꼬	동녘	넙쩌칸
하야케	점잖고	넙쩌카게
헛간		
맞장구	굼주림
솥뚜껑	옛날
쥐덛	조그마케	
귀쏭말	몽마름	낡고	얄븐

어떤 글자인가요?

| ㅅ | ㅈ | ㅊ |

바르게 쓴 8칸을 찾아 색칠하여 자음을 찾아보세요.

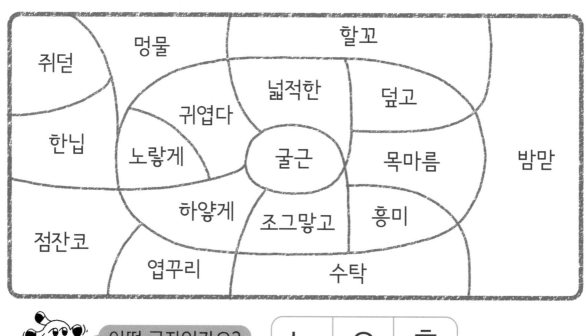

쥐덛	멍물	할꼬	
	넓적한	덮고
한닙	귀엽다	
노랗게	굴근	목마름	밤맡
	하얗게	조그맣고	흥미
점잔코	엽꾸리	수탁

어떤 글자인가요?

| ㄴ | ㅇ | ㅎ |

✏️ 알맞은 낱말을 골라서 쓰세요.

골라 쓰세요!

① [　　　　　　] 를 꺾고 자르며 한참을 일했어요.　　나뭇까지　나뭇가지

② "옳소!"라고 외치며 [　　　　　] 를 쳤어요.　　맞장구　마짱구

③ [　　　　　　] 으로 받은 만 원을 기부하기로 했다.　　세뱃돈　세뱉돈

④ [　　　　] 구름이라는 이름이 너무 귀엽다.　　양때　양떼

⑤ 꽃말은 '[　　　　] 마음'이라고 한다.　　밝은　발근

✅ 밑줄 친 부분의 띄어쓰기를 바르게 한 것에 V표를 하세요.

☆
□ 도끼 한자루를 들고 산으로 갔지요.
□ 도끼 한 자루를 들고 산으로 갔지요.

☆
□ 거인 할머니 한 분이 살았어요.
□ 거인 할머니 한분이 살았어요.

☆
□ 비가 올리 없는데?
□ 비가 올 리 없는데?

☆
□ 병을 옮기는데도 어쩔수 없다고 한다.
□ 병을 옮기는데도 어쩔 수 없다고 한다.

☆
□ 듣는 둥 마는 둥 하는 동생한테 귓속말을 해봐야겠다.
□ 듣는둥 마는둥 하는 동생한테 귓속말을 해봐야겠다.

95

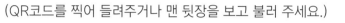

내용 듣기

🎧 잘 듣고 낱말을 정확하게 쓰세요.
(QR코드를 찍어 들려주거나 맨 뒷장을 보고 불러 주세요.)

① ㄷ

② ㄲ

③ ㅈ

④ ㅈ

⑤ ㅎ

⑥ ㅈ

⑦ ㅁ

⑧ ㄱ

⑨ ㅇ

⑩ ㄱ

⑪ ㄴ

⑫ ㄴ

⑬ ㅁ

⑭ ㄱ

⑮ ㅈ

⑯ ㅃ

 틀린 낱말은 한 번씩 더 써 보세요.

잘 듣고 띄어쓰기에 신경 쓰며 정확하게 쓰세요.

(QR코드를 찍어 들려주거나 맨 뒷장을 보고 불러 주세요.)

1

2

3

4

5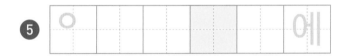

6

7

8

9

10

다섯째 마당

설명문과 주장하는 글로
배우는 맞춤법

마침내 다섯째 마당에 도착했군요!
곧 제 친구 잭이 떠나요. 제가 선물을 주었는데 이런 답장이 왔어요.

 네가 선물한 책, 시게,한복 모두 마음에 든다.
그동안 고마웠어. 한국이 정말 그리울 거야.

두 군데 실수가 있네요. 그래도 제 친구 잭의 맞춤법이 많이 좋아졌지요?
여러분도 바로 알아맞힐 수 있도록 다섯째 마당을 공부해 보세요!

실수 1 시게 → 시계   실수 2 시계, 한복(띄어쓰기)

다섯째 마당에서 집중 연습하는 받아쓰기

복잡한 모음인 ㅐ, ㅒ, ㅔ, ㅖ, ㅘ, ㅚ, ㅝ, ㅟ, ㅢ 등은 발음도 어렵고 쓰기도 어려워요.
그런데 정확하게 쓰지 않으면 뜻이 완전히 달라지므로 주의해야 해요.

새와 세		
패와 폐		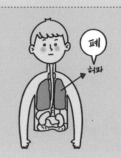

다섯째 마당에서 집중 연습하는 띄어쓰기

1. 띄어 쓸 것 같지만 붙여 쓰는 낱말이 있어요.

    이 도로는 노래가 <u>흘러 나오니</u> 마음껏 즐기시오.   (X)

    이 도로는 노래가 <u>흘러나오니</u> 마음껏 즐기시오.   (O)

2. 반대로, 붙여 쓸 것 같지만 띄어 쓰는 낱말이 있어요.

    슬프게도 라이카는 인공위성 안에서 <u>죽고말았어요.</u>   (X)

    슬프게도 라이카는 인공위성 안에서 <u>죽고 말았어요.</u>   (O)

3. 쉼표(,)도 한 칸을 차지하게 써야 해요.

    <u>먼저,꿀이</u> 가까이 있으면 원을 그리며 춤을 춥니다.   (X)

    <u>먼저, 꿀이</u> 가까이 있으면 원을 그리며 춤을 춥니다.   (O)

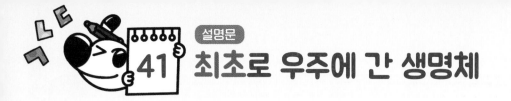

41 최초로 우주에 간 생명체

🔊 다음 글을 큰 소리로 두 번씩 읽어 보세요.

읽기 한번 두번

과학자들은 우주선을 쏘아 올릴 계획을 세웠어요.

그러나 우주에서 사람이 안전할지 확신이 없었어요.

그래서 동물을 먼저 보내기로 했어요.

1957년 '라이카'라는 개를 인공위성[1]에 태웠어요.

그러고는 우주로 쏘아 올렸답니다.

라이카는 어떻게 되었을까요?

슬프게도 라이카는 그 안에서 죽고 말았어요.

과학자들은 미안한 마음에 기념 동상을 세웠지요.

1) 인공위성: 지구 주위를 돌도록 로켓을 이용해 쏘아올린 장치

 모음을 조심해서 써야 하는 말 읽고 쓰기

낱말	읽기	회색 글자만 쓰기	한 번 더 쓰기
최초	[최ː초/췌ː초]	최초	최초
계획	[계ː획/게ː휔]	계획	
확신	[확씬]	확신	
인공위성	[인공위성]	인공위성	
세웠지요	[세원찌요]	세웠지요	

※ '최초'와 '계획'처럼 두 가지 소리가 나는 말은 틀리기 쉬우니 주의하세요.
※ ㅚ=ㅗ→ㅣ, ㅖ=ㅕ→ㅣ, ㅘ=ㅗ→ㅏ, ㅟ=ㅜ→ㅣ, ㅔ=ㅓ→ㅣ 의 순서로 써야 해요.

잘 틀리는 낱말 연습하기

골라 쓰세요!

1. 우주에서 사람이 안전할지 확신이 [　] 었어요.　　업　없

2. 그래서 동물을 먼저 보 [　] 기로 했어요.　　내　네

3. 1957년 '라이카'라는 개를 인공위성에 [　] 웠어요.　　태　테

4. 그러고는 우주로 쏘아 올 [　] 답니다.　　렷　렸

5. 라이카는 어떻게 [　] 었을까요?　　돼　되

6. 과학자들은 미안 [　] 마음에 기념 동상을 세웠지요.　　한　안

헷갈리는 띄어쓰기 연습하기

'쏘아 올릴', '보내기로 했어요', '죽고 말았어요'는 두 낱말이므로 띄어 써야 해요.

☆ 우주선을 <u>쏘아올릴</u> 계획 ➡ 우주선을 [쏘　　　　] 계획

☆ <u>보내기로했어요.</u> ➡ [보　　　　　　　　].

☆ <u>죽고말았어요.</u> ➡ [죽　　　　　　].

42 세계의 색다른 표지판

🔊 **다음 글을 큰 소리로 두 번씩 읽어 보세요.**

읽기 한 번 두 번

절벽 위에 있는 소가 떨어질 수 있으니 주의하시오.

이 근처에 UFO 즉, 미확인 비행 물체가 자주 나타납니다.

코알라가 나올 수 있으니 쌩쌩 달리지 마시오.

스마트폰만 보고 고개를 숙인 채 건너면 위험하니 조심하시오.

사람들이 괜히 놀랄 수 있으니 마차는 다니지 마시오.

이 도로는 노래가 흘러나오니 마음껏 즐기시오.

✏️ **모음을 조심해서 써야 하는 말 읽고 쓰기**

낱말	읽기	회색 글자만 쓰기	한 번 더 쓰기
세계	[세:계/세:게]	세계	
물체	[물체]	물체	
쌩쌩	[쌩쌩]	쌩쌩	
고개	[고개]	고개	
괜히	[괜:히]	괜히	

※ ㅐ=ㅏ→ㅣ, ㅙ=ㅗ→ㅏ→ㅣ의 순서로 써야 해요.

🔍 잘 틀리는 낱말 연습하기

① 절벽 위에 있는 소가 떨어질 수 있으니 주 [ ] 하시오.　의　이

② 미 [ ] 인 비행 물체가 자주 나타납니다.　학　확

③ 코 [ ] 라가 나올 수 있으니 쌩쌩 달리지 마시오.　알　할

④ 고개를 숙인 [ ] 건너면 위험하니 조심하시오.　체　채

⑤ 괜히 놀랄 수 [ ] 으니 마차는 다니지 마시오.　있　잇

⑥ 이 도로는 노 [ ] 가 흘러나오니 마음껏 즐기시오.　레　래

✅ 헷갈리는 띄어쓰기 연습하기

'절벽'과 '위에'는 두 낱말이므로 띄어 써야 해요. 쉼표(,)도 한 칸을 차지하게 써요. '흘러나오니'는 한 낱말로 붙여 써요.

☆ 절벽위에 있는 → 절 [ ] 있는

☆ 즉,미확인 비행 물체가 → 즉, [ ] 비행 물체가

☆ 노래가 흘러 나오니 → 노래가 흘 [ ]

103

🔊 다음 글을 큰 소리로 두 번씩 읽어 보세요.   읽기 한번 두번

꿀벌은 춤을 추어서 꿀의 위치를 알려요.

먼저, 꿀이 가까이 있으면 원을 그리며 춤춰요.

시계 방향과 시계 반대 방향으로 번갈아 추지요.

또, 꿀이 멀리 있으면 숫자 8을 누워서 그리듯 춰요.

8자의 두 원이 만나는 부분에서 꿀벌은 엉덩이를 흔들어요.

엉덩이를 빨리 흔들면 꿀이 아주 멀리 있다는 뜻이에요.

정말 신기한 방법으로 대화하지요?

 모음을 조심해서 써야 하는 말 읽고 쓰기

낱말	읽기	회색 글자만 쓰기	한 번 더 쓰기
대화	[대:화]	대화	
위치	[위치]	위치	
원	[원]	원	
시계	[시:계/시:게]	시계	
누워서	[누워서]	누워서	

※ ㅝ=ㅜ→ㅓ의 순서로 써야 해요.

104

🔍 잘 틀리는 낱말 연습하기

① 꿀벌은 [ ]을 추어서 꿀의 위치를 알려요. 　춤　촘

② 꿀이 가까이 있으면 원을 그리며 **춤**[ ]요. 　쳐　춰

③ 시계 방향과 시계 **반**[ ] 방향으로 번갈아 추지요. 　대　데

④ 꿀이 멀리 있으면 숫자 8을 누워서 **그리**[ ] 춰요. 　듯　듣

⑤ 빨리 흔들면 꿀이 아주 멀리 있다는 [ ]**이에요.** 　뜬　뜻

⑥ 정말 신기한 방법으로 대[ ]**하지요?** 　화　와

✓ 헷갈리는 띄어쓰기 연습하기

'춤춰요'는 한 낱말이므로 붙여 써요.
쉼표(,)도 한 칸을 차지하게 써요.

☆ 원을 그리며 **춤 춰요.** → 원을 그리며 [춤][ ][ ].

☆ **먼저,꿀이** 가까이 있으면 → [먼][ ][ ][ ] 가까이 있으면

☆ **또,꿀이** 멀리 있으면 → [또][ ][ ] 멀리 있으면

설명문

44 조선 최고의 과학자

🔊 다음 글을 큰 소리로 두 번씩 읽어 보세요.

읽기 한 번 두 번

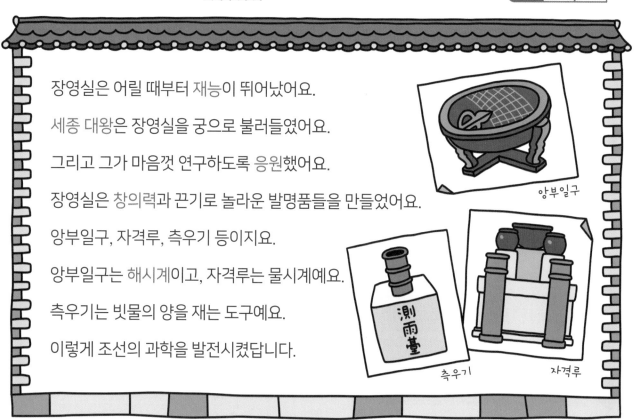

장영실은 어릴 때부터 재능이 뛰어났어요.

세종 대왕은 장영실을 궁으로 불러들였어요.

그리고 그가 마음껏 연구하도록 응원했어요.

장영실은 창의력과 끈기로 놀라운 발명품들을 만들었어요.

앙부일구, 자격루, 측우기 등이지요.

앙부일구는 해시계이고, 자격루는 물시계예요.

측우기는 빗물의 양을 재는 도구예요.

이렇게 조선의 과학을 발전시켰답니다.

앙부일구

측우기   자격루

 모음을 조심해서 써야 하는 말 읽고 쓰기

낱말	읽기	회색 글자만 쓰기	한 번 더 쓰기
재능	[재능]	재능	
세종 대왕	[세ː종대ː왕]	세종 대왕	
응원	[응ː원]	응원	
창의력	[창ː의력/창ː이력]	창의력	
해시계	[해시계/해시게]	해시계	

※ ㅢ : ㅡ→ㅣ 순서로 써야 해요.

🔍 잘 틀리는 낱말 연습하기

① 장영실은 어릴 때부터 재능이 ☐☐ **어났어요.**   [띠] [뛰]

② 세종 대왕은 장영실을 궁으로 **불러들** ☐☐ **어요.**   [였] [렸]

③ 그리고 그가 **마음** ☐☐ 연구하도록 응원했어요.   [껐] [껏]

④ 앙부일구는 해시계이고, **자** ☐☐ **루는** 물시계예요.   [경] [격]

⑤ 측우기는 ☐☐ **물의** 양을 재는 도구예요.   [빗] [빈]

⑥ 이렇게 **조선** ☐☐ 과학을 발전시켰답니다.   [에] [의]

✅ 헷갈리는 띄어쓰기 연습하기

'불러들였어요'와 '발전시켰답니다'는 한 낱말
이므로, 붙여 써야 해요. 쉼표(,)도 한 칸을 차지해요.

☆ 궁으로 <u>불러 들였어요.</u> ➜ 궁으로 [불] [ ] [ ] [ ] [ ] [ ] [ ] .

☆ <u>발전 시켰답니다.</u> ➜ [발] [ ] [ ] [ ] [ ] [ ] [ ] .

☆ <u>앙부일구,자격루</u> ➜ [앙] [ ] [ ] [ ] [,] [ ] [ ] [ ] .

45 놀이터에 쓰레기통이 필요해요

🔊 다음 글을 큰 소리로 두 번씩 읽어 보세요.

읽기 | 한 번 | 두 번

시장님, 마을에 새 놀이터를 만들어 주셔서 감사해요.

덕분에 얘기도 나누고 마음껏 놀 공간이 생겼어요.

그런데 쓰레기통이 없어서 곤란해요.

과자 봉지, 음료수병 등을 버릴 곳이 없어요.

그래서 놀이터가 더러워지고 있어요.

모래에 박힌 빨대에 찔려 다친 친구도 있고요.

놀이터에 쓰레기통을 놓아 주시면 고맙겠습니다.

즐거운 놀이터가 되도록 도와주세요.

✏️ 모음을 조심해서 써야 하는 말 읽고 쓰기

낱말	읽기	회색 글자만 쓰기	한 번 더 쓰기
얘기	[얘:기]	얘기	
쓰레기통	[쓰레기통]	쓰레기통	
모래	[모래]	모래	
빨대	[빨때]	빨대	
되도록	[되도록]	되도록	

🔍 잘 틀리는 낱말 연습하기

① 마을에 새 놀이터를 만들어 주셔서 **감사** [ ] **요.** 　해 헤

② 덕분에 얘기도 나누고 마음껏 놀 공간이 [ ] **겼어요.** 　셍 생

③ 그런데 쓰레기통이 없어서 [ ] **란해요.** 　곤 골

④ 과자 봉지, 음료수병 등을 버릴 [ ] **이 없어요.** 　곳 곧

⑤ 놀이터에 쓰레기통을 [ ] **아 주시면 고맙겠습니다.** 　놓 노

⑥ 즐거운 놀이터가 되도록 **도** [ ] **주세요.** 　화 와

✅ 헷갈리는 띄어쓰기 연습하기

> 쉼표(,)도 한 칸을 차지해요. '더러워지고'와
> '도와주세요'는 한 낱말이므로 붙여 써야 해요.

☆ <u>시장님,마을에</u> ➡ | 시 | | | | , | | | | |

☆ 놀이터가 <u>더러워 지고</u> ➡ 놀이터가 | 더 | | | | |

☆ <u>도와 주세요.</u> ➡ | 도 | | | | | | . |

주장하는 글
46 질병을 이기는 가장 쉬운 방법

🔊) 다음 글을 큰 소리로 두 번씩 읽어 보세요.

10월 15일은 '세계 손 씻기의 날'이다.

'손 씻기'는 가장 효과적인 질병 예방법이다.

손에는 각종 세균과 바이러스가 묻어 있다.

그래서 손만 잘 씻어도 병에 감염되는 걸 피할 수 있다.

이때 물로만 씻지 말고 비누를 사용하는 게 좋다.

비누로 구석구석 꼼꼼히 문질러야 한다.

그리고 흐르는 물에 깨끗이 헹궈야 한다.

손 씻기로 가족과 친구, 우리 모두의 건강을 지키자.

 모음을 조심해서 써야 하는 말 읽고 쓰기

낱말	읽기	회색 글자만 쓰기	한 번 더 쓰기
쉬운	[쉬운]	쉬운	
효과적	[효ː과적/효ː꽈적]	효과적	
예방법	[예ː방뻡]	예방법	
세균	[세ː균]	세균	
헹궈야	[헹궈야]	헹궈야	

🔍 잘 틀리는 낱말 연습하기

골라 쓰세요!

① 10월 15일은 '세계 손 [　] **기의 날**'이다. ｜ 씻 ｜ 씯 ｜

② 손에는 각종 세균과 바이러스가 [　] **어 있다.** ｜ 묻 ｜ 뭍 ｜

③ 손만 잘 씻어도 병에 **감염** [　] **는** 걸 피할 수 있다. ｜ 대 ｜ 되 ｜

④ **물로** [　] 씻지 말고 비누를 사용하는 게 좋다. ｜ 많 ｜ 만 ｜

⑤ 비누로 구석구석 **꼼꼼** [　] 문질러야 한다. ｜ 히 ｜ 이 ｜

⑥ 우리 **모두** [　] 건강을 지키자. ｜ 에 ｜ 의 ｜

✅ 헷갈리는 띄어쓰기 연습하기

'씻지 말고', '헹궈야 한다', '문질러야 한다'는 두 낱말이므로 띄어 써야 해요.

☆ 물로만 씻지말고 ➡ 물로만 [씻　　　　　]

☆ 문질러야한다. ➡ [문　　　　　　].

☆ 깨끗이 헹궈야한다. ➡ 깨끗이 [헹　　　　　].

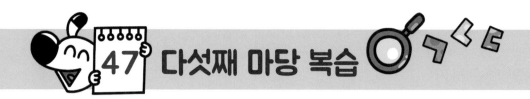

바르게 쓴 8칸을 찾아 색칠하여 자음을 찾아보세요.

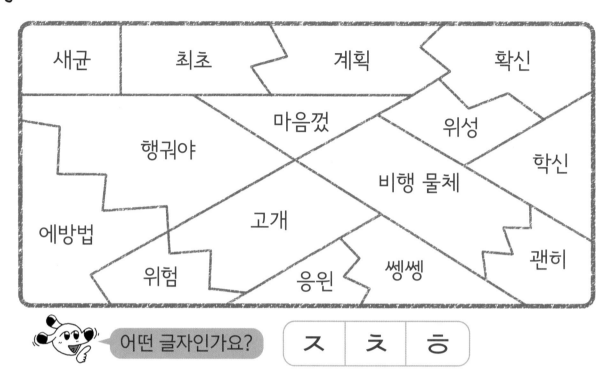

새균　최초　계획　확신

마음껏　위성

행궈야　학신

비행 물체

에방법　고개

괜히

위험　응원　쌩쌩

어떤 글자인가요?　ㅈ　ㅊ　ㅎ

바르게 쓴 8칸을 찾아 색칠하여 자음을 찾아보세요.

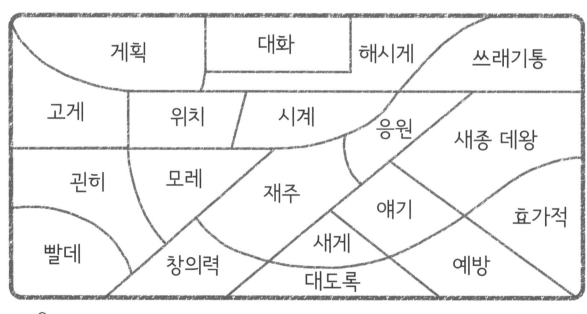

게획　대화　해시게　쓰래기통

고게　위치　시계　응원　새종 데왕

괸히　모레　재주　얘기　효가적

빨데　창의력　새게　예방

대도록

어떤 글자인가요?　ㅈ　ㅊ　ㅎ

✏️ 알맞은 낱말을 골라서 쓰세요.

① [   ] 비행 물체가 자주 나타납니다.

| 미화긴 | 미확인 |

② 원을 그리며 [   ].

| 춤춰요 | 춤처요 |

③ 어릴 때부터 재능이 [   ].

| 띠어났어요. | 뛰어났어요. |

④ [   ] 도 나눌 공간이 생겼어요.

| 예기 | 얘기 |

⑤ 놀이터에 쓰레기통을 [   ] 주세요.

| 놓아 | 노아 |

✅ 밑줄 친 부분의 띄어쓰기를 바르게 한 것에 V표를 하세요.

☆
- ☐ 과학자들은 우주선을 쏘아올릴 계획을 세웠어요.
- ☐ 과학자들은 우주선을 쏘아 올릴 계획을 세웠어요.

☆
- ☐ 이 도로는 노래가 흘러나오니 마음껏 즐기시오.
- ☐ 이 도로는 노래가 흘러 나오니 마음껏 즐기시오.

☆
- ☐ 세종 대왕은 장영실을 궁으로 불러들였어요.
- ☐ 세종 대왕은 장영실을 궁으로 불러 들였어요.

☆
- ☐ 시장님,마을에 새 놀이터를 만들어 주셔서 감사해요.
- ☐ 시장님, 마을에 새 놀이터를 만들어 주셔서 감사해요.

☆
- ☐ 먼저, 꿀이 가까이 있으면 원을 그리며 춤춰요.
- ☐ 먼저,꿀이 가까이 있으면 원을 그리며 춤춰요.

내용 듣기

🎧 잘 듣고 낱말을 정확하게 쓰세요.

(QR코드를 찍어 들려주거나 맨 뒷장을 보고 불러 주세요.)

① ㄱ

② ㅎ

③ ㅇ

④ ㅂ

⑤ ㄱ

⑥ ㅅ

⑦ ㄴ

⑧ ㅈ

⑨ ㄲ

⑩ ㅈ

⑪ ㅇ

⑫ ㅆ

⑬ ㄷ

⑭ ㅇ

⑮ ㅅ

⑯ ㅎ

✏️ 틀린 낱말은 한 번씩 더 써 보세요.

잘 듣고 띄어쓰기에 신경 쓰며 정확하게 쓰세요.

(QR코드를 찍어 들려주거나 맨 뒷장을 보고 불러 주세요.)

내용 듣기

1 동물을 먼저 　ㅂ　　　　　　　했　　　.

2 우주로 　쓰　　　　　　렸　　　　　.

3 세계 　ㅇ　　　　　　.

4 　ㄴ　　　　　　　　　　　

5 원을 　ㄱ　　　　　　취　　.

6 　ㄱ　　　　　　　　　였　　.

7 　ㅁ　　,　　　　가까이 있으면

8 　ㅇ　　　　　,　ㅈ　　, 측우기

9 꼼꼼히 　ㅁ　　　　　　　.

10 깨끗이 　헹　궈　　　　.

정답

🔍 잘 틀리는 낱말 연습하기

❶ 때   ❷ 못   ❸ 받   ❹ 귓   ❺ 좋   ❻ 안

✅ 헷갈리는 띄어쓰기 연습하기

☆ 씨는V씨인데
☆ 땀과V눈물을
☆ 귓가에서V속닥대다가

🔍 잘 틀리는 낱말 연습하기

❶ 낫   ❷ 밑   ❸ 있   ❹ 길   ❺ 듯   ❻ 뛰

✅ 헷갈리는 띄어쓰기 연습하기

☆ 친척보다V가까운
☆ 밑에서V입만
☆ 봄바람에V말똥

🔍 잘 틀리는 낱말 연습하기

❶ 합   ❷ 잖   ❸ 내   ❹ 때   ❺ 관   ❻ 깨

✅ 헷갈리는 띄어쓰기 연습하기

☆ 콩돌아
☆ 성격이V좀
☆ 습관이V안

🔍 잘 틀리는 낱말 연습하기

❶ 쥐   ❷ 잎   ❸ 맛   ❹ 줍   ❺ 대   ❻ 세

✅ 헷갈리는 띄어쓰기 연습하기

☆ 축제를V해
☆ 놀이도V하고
☆ 모레까지V답장

05 21쪽

잘 틀리는 낱말 연습하기

① 매 ② 않 ③ 쥐 ④ 원 ⑤ 랗 ⑥ 웃

헷갈리는 띄어쓰기 연습하기

☆ 볼에V도토리가
☆ 어린이가V보고
☆ 표정으로V웃는

08 27쪽

잘 틀리는 낱말 연습하기

① 새 ② 최 ③ 겉 ④ 없 ⑤ 께 ⑥ 만

헷갈리는 띄어쓰기 연습하기

☆ 고기랑V김치
☆ 만두와V김치
☆ 군만두로V최고

06 23쪽

잘 틀리는 낱말 연습하기

① 내 ② 테 ③ 봐 ④ 갔 ⑤ 재 ⑥ 태

헷갈리는 띄어쓰기 연습하기

☆ 너한테V부탁이
☆ 생일을V깜박하고
☆ 집도V딱

09 첫째 마당 복습 28쪽

바르게 쓴 6칸을 찾아 색칠하면 자음이 만들어집니다.

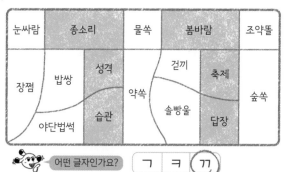

어떤 글자인가요? ㄱ ㅋ ⓚ (ㄲ)

바르게 쓴 6칸을 찾아 색칠하면 자음이 만들어집니다.

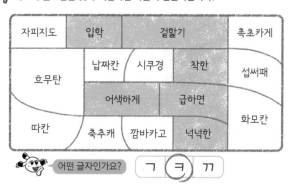

어떤 글자인가요? ㄱ (ㅋ) ㄲ

07 25쪽

잘 틀리는 낱말 연습하기

① 밥 ② 에 ③ 매 ④ 핥 ⑤ 못 ⑥ 배

헷갈리는 띄어쓰기 연습하기

☆ 나무는V쳐다보지도
☆ 뚝배기보다V장맛
☆ 금강산도V식후경

 **09 첫째 마당 복습** 29쪽

 알맞은 것을 골라서 쓰세요.

① 좋은 　② 때 　③ 밑 　④ 밟힌다 　⑤ 겉

✅ 밑줄 친 부분의 띄어쓰기를 바르게 한 것에 v표 하세요.

☆ ☑ 걷기도∨전에

☆ ☑ 볼에∨도토리가

☆ ☑ 모레까지∨답장을

☆ ☑ 너한테∨부탁이

☆ ☑ 뚝배기보다∨장맛이

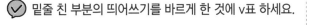 **10 | 받아쓰기 연습** 30쪽

① 밥 상 　⑦ 봄 바 람 　⑬ 화 목 한

② 절 대 　⑧ 숲 속 　⑭ 넉 넉 한

③ 야 단 법 석 　⑨ 입 학 　⑮ 촉 촉 하 게

④ 성 격 　⑩ 흐 뭇 한 　⑯ 섭 섭 해

⑤ 습 관 　⑪ 어 색 하 게

⑥ 약 속 　⑫ 납 작 한

① 땀 과 　눈 물 　31쪽

② 도 토 리 가 　가 득 한

③ 성 격 이 　좋 다

④ 입 장 료 가 　있 어

⑤ 너 한 테 　부 탁 할 게

⑥ 친 척 보 다 　가 까 운

⑦ 우 리 의 　축 제

⑧ 고 기 랑 　김 치

⑨ 군 만 두 로 　최 고

⑩ 금 강 산 도 　식 후 경

11 35쪽

🔍 잘 틀리는 낱말 연습하기

① 세 　② 추 　③ 흙 　④ 꼿 　⑤ 팽 　⑥ 곧

✅ 헷갈리는 띄어쓰기 연습하기

☆ 놀러∨갔다

☆ 달팽이∨집

☆ 키우고∨싶다

12 37쪽

🔍 잘 틀리는 낱말 연습하기

① 름 　② 꽃 　③ 있 　④ 같 　⑤ 래 　⑥ 좋

✅ 헷갈리는 띄어쓰기 연습하기

☆ 꽃다발을∨사서

☆ 사촌∨언니

☆ 집에만∨있으니

13 39쪽

🔍 잘 틀리는 낱말 연습하기

① 많 　② 래 　③ 끝 　④ 앞 　⑤ 쫓 　⑥ 해

✅ 헷갈리는 띄어쓰기 연습하기

☆ 강아지∨이름을

☆ 목욕이∨끝나고

☆ 내∨손에

14 41쪽

잘 틀리는 낱말 연습하기

① 았 ② 괜 ③ 행 ④ 데 ⑤ 묻 ⑥ 래

헷갈리는 띄어쓰기 연습하기

☆ 밤에∨비가
☆ 허수아비에∨묻은
☆ 원래∨모습으로

15 43쪽

잘 틀리는 낱말 연습하기

① 갔 ② 웠 ③ 웃 ④ 개 ⑤ 테 ⑥ 게

헷갈리는 띄어쓰기 연습하기

☆ 이모가∨입양한
☆ 오른쪽∨볼에
☆ 드디어∨나한테

16 45쪽

잘 틀리는 낱말 연습하기

① 제 ② 게 ③ 워 ④ 새 ⑤ 제 ⑥ 레

헷갈리는 띄어쓰기 연습하기

☆ 제∨이름은
☆ 모두∨잠든
☆ 저도∨주울게요

17 47쪽

잘 틀리는 낱말 연습하기

① 에 ② 왜 ③ 안 ④ 해 ⑤ 잖 ⑥ 걸

헷갈리는 띄어쓰기 연습하기

☆ 도시에∨사는
☆ 엄마∨말을
☆ 나를∨만나려면

18 49쪽

잘 틀리는 낱말 연습하기

① 체 ② 에 ③ 이 ④ 났 ⑤ 의 ⑥ 돼

헷갈리는 띄어쓰기 연습하기

☆ 농장을∨체험
☆ 넝쿨에∨줄줄이
☆ 장래∨희망도

19 51쪽

잘 틀리는 낱말 연습하기

① 의 ② 제 ③ 왜 ④ 않 ⑤ 계 ⑥ 대

헷갈리는 띄어쓰기 연습하기

☆ 산타∨할아버지
☆ 왜∨굳이
☆ 해돋이∨전에는

20 53쪽

🔍 잘 틀리는 낱말 연습하기

①돼 ②해 ③뜯 ④빼 ⑤함 ⑥건

☑️ 헷갈리는 띄어쓰기 연습하기

☆ 동생들∨말만

☆ 사건에∨대해

☆ 고함을∨쳤던

21 둘째 마당 복습 54쪽

🖌 바르게 쓴 6칸을 찾아 색칠하면 자음이 만들어집니다.

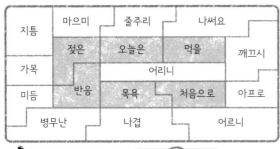

지틈	마으미	줄주리	나써요	
	젖은	오늘은	먹을	깨끄시
가목		어리니		
미듬	반응	목욕	처음으로	아프로
	병무난	나겹	어르니	

 어떤 글자인가요? ㄴ ⓒ ㅁ

🖌 바르게 쓴 6칸을 찾아 색칠하면 자음이 만들어집니다.

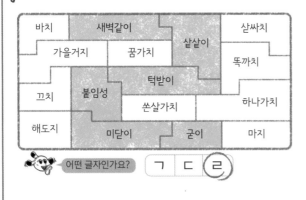

바치	새벽같이		살싸치
가을거지	꿈가치	살살이	똑까치
		턱받이	
끄치	붙임성	쏜살가치	하나가치
해도지	미닫이	굳이	마지

어떤 글자인가요? ㄱ ㄷ Ⓛ

🔖 21 둘째 마당 복습 55쪽

✏️ 알맞은 것을 골라서 쓰세요.

①깨끗이 ②무릎 ③낙엽 ④괜찮았다 ⑤쓰레기

☑️ 밑줄 친 부분의 띄어쓰기를 바르게 한 것에 v표 하세요.

☆ ☑ 낳을∨거라고

☆ ☑ 사촌∨언니도

☆ ☑ 이모가∨입양한

☆ ☑ 제∨이름은

☆ ☑ 저의∨장래∨희망도

✏️ 22 | 받아쓰기 연습 56쪽

① 병문안 ⑦ 앞으로 ⑬ 턱받이
② 큰아버지 ⑧ 목욕 ⑭ 똑같이
③ 감옥 ⑨ 낟알 ⑮ 굳이
④ 믿음 ⑩ 붙임성 ⑯ 해돋이
⑤ 낙엽 ⑪ 새벽같이
⑥ 깨끗이 ⑫ 가을걷이

---

① 오늘은 친구   57쪽
② 달팽이 집
③ 먹을 것
④ 사촌 언니
⑤ 내 손
⑥ 드디어 나한테
⑦ 어른이 되면
⑧ 도시에 사는
⑨ 넝쿨에 줄줄이
⑩ 산타 할아버지

23 61쪽

🔍 잘 틀리는 낱말 연습하기

①없 ②쑥 ③맑 ④뺏 ⑤합 ⑥테

✅ 헷갈리는 띄어쓰기 연습하기

☆ 불쑥불쑥V말하지
☆ 야금야금V뺏어
☆ 다짜고짜V억지

26 67쪽

🔍 잘 틀리는 낱말 연습하기

①대 ②못 ③의 ④쉼 ⑤담 ⑥룻

✅ 헷갈리는 띄어쓰기 연습하기

☆ 아름다운V연못
☆ 신비로운V쉼터
☆ 빛나는V그릇

24 63쪽

🔍 잘 틀리는 낱말 연습하기

①때 ②한 ③웃 ④없 ⑤닥 ⑥히

✅ 헷갈리는 띄어쓰기 연습하기

☆ 용감한V척하더니
☆ 커다란V이웃집
☆ 완전히V탄로

27 69쪽

🔍 잘 틀리는 낱말 연습하기

①굽 ②웊 ③한 ④레 ⑤띄 ⑥찾

✅ 헷갈리는 띄어쓰기 연습하기

☆ 펑펑V눈물
☆ 빙그레V미소
☆ 이리저리V바람

25 65쪽

🔍 잘 틀리는 낱말 연습하기

①빛 ②만 ③먹 ④잎 ⑤되 ⑥된

✅ 헷갈리는 띄어쓰기 연습하기

☆ 듬뿍V받아
☆ 가느다란V잎맥이
☆ 고소한V감자

28 71쪽

🔍 잘 틀리는 낱말 연습하기

①백 ②잇 ③히 ④적 ⑤웃 ⑥배

✅ 헷갈리는 띄어쓰기 연습하기

☆ 거뜬히V했지
☆ 까르르V웃으시는
☆ 배시시V웃으시는

 **29 셋째 마당 복습** 72쪽

🖌️ 바르게 쓴 8칸을 찾아 색칠하면 자음이 만들어집니다.

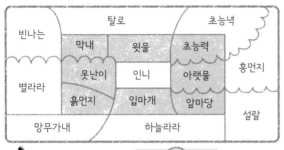

	탈로		초능녁	
빈나는	막내	윗물	초능력	흥먼지
별라라	못난이	인니	아랫물	
	흙먼지	입마개	앞마당	설랄
망무가내		하늘라라		

 어떤 글자인가요? ㄴ (ㅁ) ㅂ

🖌️ 바르게 쓴 8칸을 찾아 색칠하면 자음이 만들어집니다.

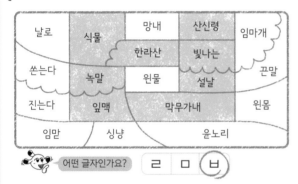

		망내	산신령	임마개
날로	식물			
		한라산	빛나는	
쏜는다	녹말	윈물	설날	끈말
진는다	잎맥			윈몸
			막무가내	
임맡	싱냥		윤노리	

어떤 글자인가요? ㄹ ㅁ (ㅂ)

 **29 셋째 마당 복습** 73쪽

✏️ 알맞은 것을 골라서 쓰세요.

① 뺏어 ② 이웃집 ③ 버릇 ④ 꼭대기
⑤ 띄우는

💬 밑줄 친 부분의 띄어쓰기를 바르게 한 것에 v표 하세요.

☆ ☑ 다짜고짜∨억지

☆ ☑ 가느다란∨잎맥이

☆ ☑ 신비로운∨쉼터이다

☆ ☑ 빙그레∨미소

☆ ☑ 까르르∨웃으시는

---

30 받아쓰기 연습 74쪽

① 막 내   ⑦ 녹 말   ⑬ 설 날
② 윗 물   ⑧ 식 량   ⑭ 난 로
③ 앞 마 당 ⑨ 한 라 산 ⑮ 옛 날
④ 입 마 개 ⑩ 하 늘 나 라 ⑯ 윷 놀 이
⑤ 초 능 력 ⑪ 산 신 령
⑥ 식 물   ⑫ 별 나 라

---

① 불 쑥 불 쑥   말 하 지   75쪽

② 다 짜 고 짜   억 지   쓰 기

③ 용 감 한   척 하더니

④ 커 다 란   이 웃 집 개

⑤ 고 소 한   감 자

⑥ 아 름 다 운   연 못

⑦ 신 비 로 운   쉼 터

⑧ 신 나 는   놀 이 터

⑨ 빛 나 는   그 릇

⑩ 배 시 시   웃 으 시 는

 31 79쪽

🔍 잘 틀리는 낱말 연습하기

① 밝 ② 못 ③ 였 ④ 채 ⑤ 없 ⑥ 워

✅ 헷갈리는 띄어쓰기 연습하기

☆ 한∨자루
☆ 두∨개의
☆ 더할∨나위

32 81쪽

🔍 잘 틀리는 낱말 연습하기

① 제 ② 뻔 ③ 었 ④ 없 ⑤ 왔 ⑥ 쌓

✅ 헷갈리는 띄어쓰기 연습하기

☆ 한∨분이
☆ 주저앉을∨뻔
☆ 그렇기∨때문에

33 83쪽

🔍 잘 틀리는 낱말 연습하기

① 데 ② 껏 ③ 세 ④ 의 ⑤ 세 ⑥ 옳

✅ 헷갈리는 띄어쓰기 연습하기

☆ 한∨마리
☆ 온∨지
☆ 일주일∨만에

34 85쪽

🔍 잘 틀리는 낱말 연습하기

① 깼 ② 없 ③ 제 ④ 세 ⑤ 채 ⑥ 의

✅ 헷갈리는 띄어쓰기 연습하기

☆ 올∨리
☆ 입은∨채
☆ 바라보는∨쪽

35 87쪽

🔍 잘 틀리는 낱말 연습하기

① 읽 ② 더 ③ 없 ④ 웠 ⑤ 뱃 ⑥ 좋

✅ 헷갈리는 띄어쓰기 연습하기

☆ 책∨한∨권
☆ 먹을∨것이
☆ 만∨원을

36 89쪽

🔍 잘 틀리는 낱말 연습하기

① 의 ② 높 ③ 떼 ④ 몇 ⑤ 베 ⑥ 름

✅ 헷갈리는 띄어쓰기 연습하기

☆ 붙인다는∨게
☆ 몇∨가지
☆ 넓적한∨것은

37 91쪽

🔍 잘 틀리는 낱말 연습하기

① 못 ② 봐 ③ 았 ④ 히 ⑤ 맛 ⑥ 밖

💬 헷갈리는 띄어쓰기 연습하기

☆ 흥미로운∨걸
☆ 듣는∨둥 마는∨둥
☆ 읽은∨지

 38 93쪽

🔍 잘 틀리는 낱말 연습하기

① 화 ② 에 ③ 밝 ④ 씩 ⑤ 꽃 ⑥ 답

💬 헷갈리는 띄어쓰기 연습하기

☆ 피는∨건
☆ 피는∨것
☆ 한∨송이

39 넷째 마당 복습 94쪽

🖌 바르게 쓴 8칸을 찾아 색칠하면 자음이 만들어집니다.

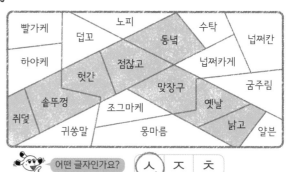

어떤 글자인가요? (ㅅ) ㅈ ㅊ

🖌 바르게 쓴 8칸을 찾아 색칠하면 자음이 만들어집니다.

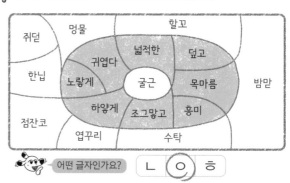

어떤 글자인가요? ㄴ (ㅇ) ㅎ

39 넷째 마당 복습 95쪽

✏️ 알맞은 것을 골라서 쓰세요.

① 나뭇가지 ② 맞장구 ③ 세뱃돈 ④ 양떼
⑤ 밝은

💬 밑줄 친 부분의 띄어쓰기를 바르게 한 것에 v표 하세요.

☆ ☑ 한∨자루를
☆ ☑ 한∨분이
☆ ☑ 올∨리
☆ ☑ 어쩔∨수
☆ ☑ 듣는∨둥 마는∨둥

40 | 받아쓰기 연습 96쪽

① 동녘
② 꺾고
③ 주저앉을
④ 점잖고
⑤ 헛간
⑥ 쥐덫
⑦ 맞장구
⑧ 굵은
⑨ 얇은
⑩ 굶주림
⑪ 높이
⑫ 넓적한
⑬ 먹물
⑭ 귓속말
⑮ 조그맣고
⑯ 빨갛게

97쪽

① 두 개
② 한 분
③ 만들어진 것
④ 한 마리
⑤ 일주일 만에
⑥ 바라보는 쪽으로
⑦ 한 권
⑧ 만 원
⑨ 몇 가지
⑩ 여러 송이

---

41 101쪽

 잘 틀리는 낱말 연습하기

① 없 ② 내 ③ 태 ④ 렸 ⑤ 되 ⑥ 한

✅ 헷갈리는 띄어쓰기 연습하기

☆ 쏘아∨올릴
☆ 보내기로∨했어요
☆ 죽고∨말았어요

---

42 103쪽

잘 틀리는 낱말 연습하기

① 의 ② 확 ③ 알 ④ 채 ⑤ 있 ⑥ 래

✅ 헷갈리는 띄어쓰기 연습하기

☆ 절벽∨위에
☆ 즉,∨미확인
☆ 흘러나오니

---

43 105쪽

잘 틀리는 낱말 연습하기

① 춤 ② 춰 ③ 대 ④ 듯 ⑤ 뜻 ⑥ 화

✅ 헷갈리는 띄어쓰기 연습하기

☆ 춤춰요
☆ 먼저,∨꿀이
☆ 또,∨꿀이

44 107쪽

🔍 잘 틀리는 낱말 연습하기

① 뛰 ② 였 ③ 껏 ④ 격 ⑤ 빗 ⑥ 의

✅ 헷갈리는 띄어쓰기 연습하기

☆ 불러들였어요
☆ 발전시켰답니다
☆ 앙부일구,∨자격루

45 109쪽

🔍 잘 틀리는 낱말 연습하기

① 해 ② 생 ③ 곤 ④ 곳 ⑤ 놓 ⑥ 와

✅ 헷갈리는 띄어쓰기 연습하기

☆ 시장님,∨마을에
☆ 더러워지고
☆ 도와주세요

46 111쪽

🔍 잘 틀리는 낱말 연습하기

① 씻 ② 묻 ③ 되 ④ 만 ⑤ 히 ⑥ 의

✅ 헷갈리는 띄어쓰기 연습하기

☆ 씻지∨말고
☆ 문질러야∨한다
☆ 헹궈야∨한다

47 다섯째 마당 복습 112쪽

🖌 바르게 쓴 8칸을 찾아 색칠하면 자음이 만들어집니다.

어떤 글자인가요? ㅈ (ㅊ) ㅎ

🖌 바르게 쓴 8칸을 찾아 색칠하면 자음이 만들어집니다.

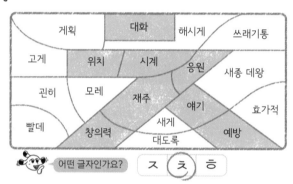

어떤 글자인가요? ㅈ (ㅊ) ㅎ

47 다섯째 마당 복습 113쪽

✏️ 알맞은 것을 골라서 쓰세요.

① 미확인 ② 춤춰요 ③ 뛰어났어요 ④ 얘기
⑤ 놓아

✅ 밑줄 친 부분의 띄어쓰기를 바르게 한 것에 v표 하세요.

☆ ☑  쏘아∨올릴
☆ ☑ 흘러나오니
☆ ☑ 불러들였어요
☆ ☑ 시장님,∨마을에
☆ ☑ 먼저,∨꿀이

48 | 받아쓰기 연습   114쪽

① 계획   ⑦ 누워서   ⑬ 되도록

② 확신   ⑧ 재능   ⑭ 예방법

③ 인공위성   ⑨ 끈기   ⑮ 세균

④ 비행 물체   ⑩ 창의력   ⑯ 헹궈야

⑤ 괜히   ⑪ 얘기

⑥ 시계   ⑫ 쓰레기통

---

① 동물을 먼저 보내기로 했어요.   115쪽

② 우주로 쏘아 올렸답니다.

③ 세계 여러 나라

④ 노래가 흘러나오니

⑤ 원을 그리며 춤춰요.

⑥ 궁으로 불러들였어요.

⑦ 먼저, 꿀이 가까이 있으면

⑧ 앙부일구, 자격루. 측우기

⑨ 꼼꼼히 문질러야 한다.

⑩ 깨끗이 헹궈야 한다.

틀린 문제만 다시 확인하세요!

알찬 교육 정보도 만나고 출판사 이벤트에도 참여하세요!

1. 바빠 공부단 카페 cafe.naver.com/easyispub

바빠 공부단 카페에서 함께 공부해요! 수학, 영어, 국어 담당 바빠쌤의 격려와 칭찬도 받을 수 있어요.

2. 인스타그램 + 카카오톡 채널

easys_edu   이지스에듀 이지스에듀 ✓
친구 1,328

@easys_edu   🔍 이지스에듀 검색!

바빠 시리즈 출간 소식과 출판사 이벤트, 교육 정보를 제일 먼저 알려 드려요!

바빠 시리즈 초등 학년별 추천도서

학년	학기별 연산책 바빠 교과서 연산 예습용 학기 중, 선행용으로 추천!	영역별 연산책 바빠 연산법 복습용 방학 때나 학습 결손이 생겼을 때~

1학년	· 바쁜 1학년을 위한 빠른 교과서 연산 1-1
	· 바쁜 1학년을 위한 빠른 교과서 연산 1-2
		· 바쁜 1·2학년을 위한 빠른 연산법
		  – 덧셈 편, 뺄셈 편
		· 바쁜 초등학생을 위한 빠른 구구단
		· 바쁜 초등학생을 위한 빠른 시계와 시간
		· 보일락 말락~ 바빠 구구단판
		  + 원리노트

2학년	· 바쁜 2학년을 위한 빠른 교과서 연산 2-1 · 바쁜 2학년을 위한 빠른 교과서 연산 2-2	
3학년	· 바쁜 3학년을 위한 빠른 교과서 연산 3-1 · 바쁜 3학년을 위한 빠른 교과서 연산 3-2	· 바쁜 3·4학년을 위한 빠른 연산법 – 덧셈 편, 뺄셈 편, 분수 편
4학년	· 바쁜 4학년을 위한 빠른 교과서 연산 4-1 · 바쁜 4학년을 위한 빠른 교과서 연산 4-2	· 바쁜 3·4학년을 위한 빠른 연산법 – 곱셈 편, 나눗셈 편 (4학년부터 권장합니다.)
5학년	· 바쁜 5학년을 위한 빠른 교과서 연산 5-1 · 바쁜 5학년을 위한 빠른 교과서 연산 5-2	· 바쁜 5·6학년을 위한 빠른 연산법 – 곱셈 편, 나눗셈 편, 분수 편
6학년	· 바쁜 6학년을 위한 빠른 교과서 연산 6-1 · 바쁜 6학년을 위한 빠른 교과서 연산 6-2	· 바쁜 5·6학년을 위한 빠른 연산법 – 소수 편 (6학년부터 권장합니다.)

나 혼자 푼다! 수학 문장제
자기 학기에 맞게 보면 됩니다~

- 나 혼자 푼다! 수학 문장제 1-1
- 나 혼자 푼다! 수학 문장제 1-2

- 나 혼자 푼다! 수학 문장제 2-1
- 나 혼자 푼다! 수학 문장제 2-2

- 나 혼자 푼다! 수학 문장제 3-1
- 나 혼자 푼다! 수학 문장제 3-2

- 나 혼자 푼다! 수학 문장제 4-1
- 나 혼자 푼다! 수학 문장제 4-2

- 나 혼자 푼다! 수학 문장제 5-1
- 나 혼자 푼다! 수학 문장제 5-2

- 나 혼자 푼다! 수학 문장제 6-1
- 나 혼자 푼다! 수학 문장제 6-2

바빠 급수한자
초등학생 때 6급까지 떼면 좋아요~

- 바쁜 초등학생을 위한
  빠른 급수한자 8급

- 바쁜 초등학생을 위한
  빠른 급수한자 7급 1, 2

- 보일락 말락~ 바빠 급수한자판
  + 6·7·8급 모의시험

- 바쁜 초등학생을 위한
  빠른 급수한자 6급 1, 2, 3

아비 업은 '효도 효'

바빠 영어
방학 특강 교재로 인기 최고!

▶ 유튜브 강의 수록

- 바쁜 초등학생을 위한
  빠른 **사이트 워드** 1, 2
- 바쁜 초등학생을 위한
  빠른 **파닉스** 1, 2

- 바쁜 3·4학년을 위한 빠른 **영단어**
- 바쁜 3·4학년을 위한
  빠른 **영문법** 1, 2

같은 시간을 공부해도 효과 극대화!

- 바쁜 5·6학년을 위한 빠른 **영단어**
- 바쁜 5·6학년을 위한
  빠른 **영문법** 1, 2
- 바쁜 5·6학년을 위한
  빠른 영어특강 - **영어 시제** 편
- 바쁜 5·6학년을 위한 빠른 **영작문**

이렇게 공부가 잘 되는 영어 책 봤어?
손이 기억하는 영어 훈련 프로그램

원어민 선생님과 함께하는 파닉스 홈트레이닝!
유튜브 강의로 배우는 뉴욕 스타일 파닉스

실생활 회화 문장으로 익히는 사이트 워드!
저자와 네이티브 선생님의 유튜브 강의 제공

과학적 학습법이 총동원된 영단어 책!
짝단어로 의미 있게 외우니 효과 2배

문장이 써지면 이 영문법은 OK!
작은 빈칸부터 전체 문장까지 야금야금 완성

74쪽

1. 마내
2. 윗물
3. 앞마당
4. 엄마개
5. 초능력
6. 식물
7. 녹말
8. 식량
9. 한라산
10. 하늘나라
11. 산신령
12. 뿔나라
13. 설날
14. 난로
15. 햇날
16. 윷놀이

75쪽

1. 불쑥불쑥 말하지
2. 단짝고 쩌 억지 쓰기
3. 용감한 적 하더니
4. 커다란 이웃집
5. 고소한 감자
6. 아름다운 연못
7. 신비로운 쉼터
8. 신나는 놀이터
9. 빛나는 그릇
10. 배 시시 웃으시는

56쪽

1. 병문안
2. 큰아버지
3. 감옥
4. 믿음
5. 나염
6. 깨끗이
7. 앞이로
8. 목욕
9. 낟알
10. 붙임성
11. 새벽갈이
12. 가을걷이
13. 턱받이
14. 똑같이
15. 굳이
16. 해돋이

57쪽

1. 오늘은 친구
2. 달팽이 집
3. 먹을 것
4. 사촌 언니
5. 내 손
6. 드디어 나한테
7. 어른이 되면
8. 도시에 사는
9. 병풀에 졸졸이
10. 산타 할아버지

30쪽

1. 밥상
2. 절대
3. 아단법석
4. 성적
5. 습관
6. 약속
7. 봄바람
8. 숲속
9. 임학
10. 흥못
11. 어색하게
12. 납작한
13. 화목한
14. 너너한
15. 촉촉하게
16. 섬섬해

31쪽

1. 땀과 눈물
2. 도토리가 가득한
3. 성격이 좋다
4. 일 장표가 있어.
5. 너한테 부탁할게
6. 진척보다 가까운
7. 우리의 축제
8. 고기랑 김치
9. 군만두로 최고
10. 금강산도 식후경

받아쓰기: 띄어쓰기에 신경 쓰며 생활한 발음으로 불러 주세요.

40 | 받아쓰기 연습

96쪽

1 똑바
2 꺾고
3 주저앉을
4 접질러고
5 윗길
6 처럼
7 맞장구
8 굵은
9 없는
10 꿈을
11 놀이
12 넓적한
13 목물
14 귓속말
15 조그맣고
16 빨갛게

97쪽

1 두 개
2 일 분
3 만들어진 것
4 한 마리
5 일주일 만에
6 바라보는 쪽으로
7 한 권
8 만 원
9 몇 가지
10 여러 송이

48 | 받아쓰기 연습

114쪽

1 계획
2 확신
3 인공위성
4 비행 물체
5 관리
6 시계
7 누워서
8 제이
9 고기
10 창의력
11 얘기
12 쓰레기통
13 되도록
14 외밤법
15 세균
16 엘귀아

115쪽

1 동물들을 먼저 보내기로 했어요.
2 우주로 쏘아 올렸답니다.
3 세계 여러 나라
4 노래가 들려 나오니
5 그리며 불러 봤어요.
6 곧으로 불러 봤어요.
7 먼저, 풀이 (가까이 있으면)
8 안부 일구, 자격루, 측우기
9 꼼꼼히 물길러야 한다.
10 깨끗이 엘귀아 한다.

틀린 받아쓰기만 모아
다시 연습하세요!

바쁜 초등학생을 위한
바른 맞춤법 ②